VQ

Frank Rudkoffsky, 1980 in Nordenham geboren, lebt in Stuttgart. Er ist Autor, Journalist, Blogger und seit 2011 Mitherausgeber der Literaturzeitschrift]trash[pool. Sein Debütroman »Dezemberfieber« erschien 2015 im Verlag duotincta, im selben Jahr war er auch Teil des Herausgeberteams der E-Book-Anthologie »Willkommen! Blogger schreiben für Flüchtlinge« bei Mikrotext. Auf seinem Blog www.rudkoffsky.com schreibt er über Gegenwartsliteratur.

Verlag Voland & Quist GmbH, Berlin, Dresden und Leipzig, 2019

Korrektorat: Kristina Wengorz
Umschlaggestaltung: HawaiiF3
Satz: Fred Uhde
Druck und Bindung: CPI books GmbH, Leck

www.voland-quist.de

VOLAND & QUIST

FRANK RUDKOFFSKY

FAKE

ROMAN

Für meine Eltern

November 2013

Eine Katze! Ernsthaft? »Jetzt, wo ich den Moritz habe, verstehe ich dich endlich.« Jule war entweder naiv oder beschränkt. Eine Katze! Eine Katze ließ man nicht auf seinen wunden und entzündeten Brustwarzen herumbeißen, bis sie bluteten. Einer Katze massierte man nicht nachts um drei den Bauch und schob ihr Kümmelzäpfchen in den Po, damit sie endlich furzen konnte. Um eine Katze zu kriegen, musste man sich nicht erst buchstäblich den Arsch aufreißen. Eine Katze kaufte man, stellte ihr Essen und ein Klo vor die Nase und ließ sie dann machen, was Katzen eben so machen. Man rang ihr dann und wann etwas Nähe ab, und ansonsten lebte man nebeneinanderher, gab für sie weder seinen Job, seine Freiheit noch seine Träume auf. Eine Katze, die, wenn sie nicht gerade schlief, mindestens sechs Stunden am Tag schrie und dabei klang wie ein kaputter Mixer, würde man einschläfern, auf einer Kreuzung aussetzen, an die Wand schmeißen. Aber: *Jetzt, wo ich den Moritz habe, verstehe ich dich endlich. Ha ha, Max und Moritz – das fällt mir jetzt erst auf!* Jule verstand einen Scheiß. Ständig schickte sie mir Videos ihres neuen Mitbewohners, *cat content* mit vermeintlich lustigen Hinweisen, dass keine Tiere bei den Dreharbeiten zu Schaden gekommen seien. Ganz anders bei *kid content*: Aus der Nummer kommt keiner heile raus. Hinter den Kulissen der Traumfabrik ist jedes süße Babyglucksen mit Blut, Tränen und Erschöpfung erkauft. Aber das sagte ich nicht. Ich sagte, dass ich mich für sie freue. Und dass wir ganz bald wieder telefonieren müssten. Ich meinte das ehrlich. Jule war meine beste Freundin seit der Schulzeit. Sie fehlte mir, seit ich von zu Hause weggezogen war, und noch viel mehr fehlte sie mir, seit wir auf unterschiedlichen Planeten wohnten. Mit ihr über das Muttersein zu sprechen, war wie ein Sextalk mit einer Jungfrau. Umgekehrt war es jedoch genauso. Nach nicht einmal drei Monaten auf dem Planeten Max war mir das Leben auf meinem Heimatplaneten fremd geworden, unvorstellbar. Ich war neidisch auf Jule und die anderen Erdlinge. Keine meiner Freundinnen hatte Kinder, ihnen stand die ganze Welt noch offen. Und ich? Saß fest und war zutiefst gelangweilt. Jeder Tag war gleich. Alles, was ich tat, diente bloß der Selbsterhaltung, der Mission. Abends kam manchmal ein Astronaut vorbei und wollte Sex. Doch Sex, das war etwas für Erdlinge, ich war trocken wie der Mars.

Plötzlich hatte es Jule eilig, unser Gespräch zu beenden: »Du, der Moritz kratzt an der Tür, bestimmt hat er Hunger – der war ja auch den halben Tag in der Nachbarschaft unterwegs.«

Die Stille nach dem Auflegen war viel zu satt. Draußen eine Sirene, der Kirchturm, die Müllabfuhr. Drinnen das Sirren des Deckenfluters, weil es im Herbst auch tagsüber deprimierend dunkel in der Wohnung blieb, das Rascheln von Hosenbeinen über nervösen Füßen und Atmen durch verschnupfte Nasenlöcher. Zu laut für mich, zu leise für Max. In der Babywanne des Kinderwagens, die ich nach dem Spaziergang unters Fenster gestellt hatte, wurde es unruhig. Eine Hand zuckte unkoordiniert nach oben, die andere zur Seite. Max rieb mit dem Kopf an der Matratze, bis sich seine Mütze über die Augen schob, und verzog das Gesicht. Er sah aus wie ein Boxer vor dem Knock-out. Ich nahm ihm die Mütze ab und stimmte ein Lied an, aber es war zu spät. Max war wach, und wenn Max wach war, dann schrie er. Es war ein Wunder, dass sich unter seinem Babyspeck noch kein Sixpack ausgebildet hatte, ausdauernder und lauter wurde nicht einmal in Wacken geschrien. Auf einem Metalfestival hätte Max vermutlich durchgeschlafen, doch Stille machte ihn nervös. Wenn ich wollte, dass er tagsüber schlief, musste ich entweder etwas laufen lassen – das Radio, den Fernseher, Musik – oder permanent sprechen. Dabei sehnte ich mich, wenn Max schlief, bloß noch nach Ruhe. Und mit wem hätte ich auch reden sollen? Meine Freunde arbeiteten. Meine Mutter nervte dagegen mit unzeitgemäßen Ratschlägen, für die sie in Babyforen als Hexe gebrandmarkt worden wäre, oder beneidete mich säuselnd ums große Glück.

Max schrie noch immer, doch ich regte mich nicht. Sondern sah auf die Uhr. Der große Zeiger machte einen

Schritt nach vorne, dann noch einen. Der kleine ließ sich Zeit. Er hatte den ganzen Tag noch vor sich, kein Grund zur Eile. Der Kirchturm ermahnte mich schließlich. Gott sah alles – im Gegensatz zu mir konnte er sich aber auch ganz hervorragend taub stellen. Ich nahm Max auf den Arm und versuchte, ihn zu beruhigen. Bei Daimler hatte ich Delegieren gelernt. Auf dem Planeten Max war ich jedoch meist auf mich allein gestellt, auch jetzt: Der Astronaut war gerade joggen und würde nachher wieder seine verschwitzten Kompressionsstrümpfe über die Heizung hängen. Als wäre ich mit dem Geruch des Windelmülls nicht schon bedient genug gewesen. Ich sprach leise zu Max und ertrug meine eigene Stimme nicht. Manchmal hasste ich, was das Muttersein aus meiner Stimme gemacht hatte: das, was sie sagte, und wie sie es sagte. Max verwandelte mich in eine Piñata, je kaputter mich sein Geschrei machte, desto mehr Süßigkeiten ließ ich auf ihn hinabregnen. Auf Deutsch war es am schlimmsten, die ungelenke, sperrige Sprache vertrug sich einfach nicht mit dem beruhigenden Singsang, dem Max so gerne lauschte. Auf Französisch klang es natürlicher, wenn auch an der Grenze zur Parodie. Immerhin war es eine gute Auffrischung: Seit ich bei meinen Eltern ausgezogen war, sprach ich nur noch Deutsch mit ihnen. Natürlich ärgerte das Papa. Ich würde meine Herkunft verleugnen, hatte er mir einmal vorgeworfen. *Ich komme aus Wilhelmshaven*, entgegnete ich bloß. *Willst du, dass ich dich mit Moin begrüße?*

»Au!«

Max riss die Augen auf und löste den Mund von meiner Brust, begann sofort wieder zu schreien. Ich hatte ihn erschreckt. Das Stillen schmerzte, vor allem das Anlegen. Meine linke Brustwarze war schon seit Wochen entzündet. Die rechte Brust verschmähte er meist, weshalb ich sie fast täglich abpumpen musste. Ich ließ es drauf ankommen und drehte ihn um. Vergebens. Max brüllte die Brust an, als wäre sie eine Zumutung, eine offene Milchtüte nach einem Gewitter. Also links. Ich drückte ihm die Brust in den Mund, sanft, aber unnachgiebig. Endlich begann er zu trinken, ich biss die Zähne zusammen und kniff mir in den Oberschenkel. Max trank gierig, verzweifelt fast, wurde dann aber endlich ruhiger. Seine Fäuste lösten sich. Kaum ruhten die winzigen Finger des Boxers warm auf meiner Haut, trat der Schmerz in den Hintergrund. Er sah mich aus verquollenen Augen an, ein klassischer Dackelblick von unten, und ich liebte ihn dafür. Liebte, wie sich seine Gesichtszüge in Geborgenheit entspannten. Liebte, wie er blinzelte und gleich wieder meinen Blick suchte. Ich musste ihn nicht stillen. Ich wollte es. Das waren die Momente, in denen wir ganz beieinander waren. Ein Waffenstillstand. Ein Luftholen, das wir beide brauchten. »Wir schaffen das«, sagte ich leise. »Vertrau mir.«

Die Haustür fiel ins Schloss, der Astronaut war zurück. In letzter Zeit dauerten seine Expeditionen immer länger. Er nahm genügend Sauerstoff für zehn Kilometer und mein Firmenticket mit, um sich treiben zu lassen und sich in anderen Stadtteilen zu verlaufen. Irgendeine U-Bahn fuhr immer zurück. Während ich die Stellung hielt und Furchen ins Parkett schlurfte, wurde sein Radius ständig größer. Er lief zu schnell für einen Anfänger. Als hätte er es eilig. Ich konnte es ihm nicht verübeln: Im All gab es keinen Schall, dort war man frei und eben allein, bis einem die Puste ausging.

»Ich hatte gehofft, dass er länger schläft und du etwas Pause hast«, sagte er beim Hereinkommen, das Gesicht noch immer rot vor Anstrengung, und lächelte sein Schlechtes-Gewissen-Lächeln. Jan setzte sich neben mich und legte eine Hand auf Max. »Tut mir leid, dass es so lange gedauert hat. Heute passte einfach alles – ich hab's bis zum Max-Eyth-See geschafft, fast dreizehn Kilometer!«

»Glückwunsch!«, sagte ich ein wenig zu enthusiastisch und schob deshalb einen kleinen Dämpfer nach: »Morgen stirbst du beim Treppenlaufen sicher wieder tausend Tode.«

»Ich dachte, du trägst mich?«

»Die Manduca ist schon voll, sorry.«

Jan pikste Max behutsam in die Seite. »Kleiner Mann, ich war zuerst da!«

Er stand auf und dehnte sein Bein am Sofa. »Ich würde dann jetzt duschen gehen. Brauchst du irgendwas? Wasser, Tee, hast du Hunger?«

»Danke, ich brauche nichts«, sagte ich und log.

Und ob ich etwas brauchte. Einen Gin Tonic und eine Zigarette zum Beispiel, einen Halbmarathon und eine Auszeit. Einen guten Fick oder wenigstens die Lust auf einen. Schlaf. Ein Around-the-world-Ticket, das ich auf halbem Wege verfallen lassen würde. Ein bisschen von dem großen Glück, zu dem mir alle andauernd gratulierten. Ein zufriedenes Baby. Das Gefühl, nicht zu versagen.

An Jan lag es kaum. Er war, wie es gerne heißt, stets bemüht. Letzte Woche ließ er mich mit Tobias und Frauke auf ein Konzert gehen und blieb mit Max zum ersten

Mal abends alleine. Obwohl ich ständig auf mein Handy schaute, schrieb er mir nicht eine Nachricht. Keine Fragen, kein Hilferuf, keine Wasserstandsmeldung. Schlimmer als meine Sorge, dass zu Hause womöglich gerade etwas so gewaltig schiefging, dass Jan nicht einmal zum Handy greifen konnte, waren bloß meine Brüste. Ich musste dringend Milch abpumpen und konnte nicht. Die Klos waren eine solche Zumutung, dass sie wahrscheinlich selbst Fixer abgeschreckt hätten; die Milchpumpe, die ich zu Tobias' Amüsement und meiner Demütigung beim Türsteher hatte vorzeigen müssen, war nutzlos. Der Druck wurde schnell unerträglich. Ich tanzte wie in einer Sprengstoffweste, panisch, dass meine überspannten Brüste schon bei der kleinsten Berührung explodierten. Während des zweiten Abpumpversuchs wurde mir beim Anblick schlecht. Meine Brüste waren deformiert und fahl, durchsetzt mit hässlich hervortretenden Adern. Die Angst vor einem Milchstau und die Sorge um Max trieben mich bereits nach der Hälfte des Konzerts nach Hause. Ich war auf alles vorbereitet, Ground Zero im Kinderzimmer, ein Schlachtfeld aus Kotze und Kacke, eine Katastrophe biblischen Ausmaßes. Doch als ich atemlos ins Wohnzimmer kam, schliefen beide auf dem Sofa und schnarchten friedlich im Einklang. Anstatt sie zu wecken, stellte ich mich unter die Dusche und ließ alles raus, was sich an Milch und Tränen aufgestaut hatte. So viel zum Thema Auszeit.

Max war eingeschlafen. Er nuckelte noch, trank aber nicht mehr. Vorsichtig ersetzte ich die Brustwarze durch einen Schnuller, ein hochriskanter Vorgang, ein bisschen wie

Jenga. Sein Mund schnappte zu, schmatzte erst schnell und dann ganz langsam. Ein kurzes Zucken, als Jan im Badezimmer fluchte, binnen Sekunden aber wieder entspannte Gesichtszüge. Der Countdown war zurückgesetzt, und ich traute mich wieder zu atmen. Ich nahm mein Handy in die Hand, keine neuen Benachrichtigungen. Früher war das anders gewesen. Da war manches so dringend, dass ich selbst nachts und an Wochenenden sofort reagieren musste. Wie oft hatte Jan mir vorgeworfen, ein Workaholic zu sein? Noch vor Monaten liefen alle Fäden bei mir zusammen, und nun warfen meine Kollegen das Knäuel einfach über mich hinweg. Vor Max' Geburt hatte ich mich für unverzichtbar gehalten, aber anscheinend kamen sie im Controlling genauso gut ohne mich aus. Ich war nun überflüssig wie ein Blinddarm. Dafür sei ich, tröstete mich Jan, immerhin das Herz der Familie. Keine große Hilfe. Ich sehnte mich nach Updates, wollte eingebunden bleiben. Es war doch in ihrem eigenen Interesse, dass ich nach meiner Rückkehr gleich vom Fleck weg durchstarten konnte, oder nicht? Ich überflog die Nachrichten, wischte mich durch meinen Facebook-Feed, likte Jans Training bei Endomondo. Aber mich langweilte das alles. Die Welt drehte sich einfach ohne mich weiter, während mein eigenes Leben bloß noch konzentrisch um Max kreiste. Manchmal war das schön. Viel zu oft gab es jedoch Tage wie diesen, an denen ich mich abgeschnitten von der Außenwelt fühlte und gelähmt vor Klaustrophobie. Nur, dass ich nicht allein war. In den Tiefen des Alls gab es viele andere, die einsam die Stellung in neu gegründeten Kolonien hielten. Sie tauschten sich in Dutzenden Mütterforen aus, vernetzten sich. Mit einer Konföderation hatte das allerdings nur wenig gemein, in den Foren ging es eher zu wie bei *Star Wars*. Manchmal bildeten sich Fraktionen, meistens gingen sich aber alle gegenseitig an den Hals. Es gab die panischen Mütter, die ständig Angst hatten, etwas falsch zu machen und deshalb ihr Kind verhätschelten. Militante Mütternazis, die alles besser wussten. Tiefenentspannte Latte-Macchiato-Mamas, denen alles egal war, solange sie sich mit ihren Freundinnen zum Brunchen treffen konnten. Ökorebellinnen, die vorm Impfen warnten und stattdessen auf Zuckerkügelchen und Heilwolle schworen. Glücksfaschistinnen, die Dauerseligkeit zum Diktat erhoben und mich vermutlich am liebsten in ein Umerziehungslager geschickt hätten. Man stritt sich ums Impfen, Stillen oder Ferbern, warf einander Durchschlaflügen und Rabenelterntum vor, verschliss eine entnervte Moderatorin nach der anderen. Kurzum: Es war durchaus amüsant. Anfangs hatte ich noch mitdiskutiert und mich bemüht, den rauen Ton in so manchem Thread zu mäßigen. Schnell sah ich aber ein, dass das bloß Zeit, Kraft und Nerven kostete. Trotzdem hatte ich vor zwei Tagen erstmals selbst eine Frage gestellt – eine Verzweiflungstat, weil Max auch nach fast drei Monaten noch ein Schreibaby war. Erst jetzt traute ich mich, die Antworten zu lesen. *Babylove* empfahl mir Globuli, *Schneewittchen86* einen Gang zum Osteopathen. So weit, so gewöhnlich. *Jennifer* schob Max' Probleme auf meine Ernährung, während *Mummyforlife*, die auf ihrem Profilbild tatsächlich etwas von einer lebenden Mumie hatte, ein Geburtstrauma vermutete. Zuletzt hatte mir *Agnes* geantwortet, Forumsurgestein mit 3.258 Beiträgen und einem Ruf wie Kim Jong-un: *Schätzchen, du bist nicht die erste Frau, die ein Kind großziehen muss. Wäre es wirklich so schwer, wäre die Menschheit längst ausgestorben. Fass dir mal lieber an die eigene Nase: Ist es nicht vielleicht dein Stress, der auf das Baby abfärbt?*

Was für eine dämliche Kuh! Ich unterdrückte ein Lachen und schüttelte den Kopf. Das war doch lächerlich. Agnes war lächerlich. Und doch riss ihr Kommentar direkt unter Max' warmem Körper ein klaffendes schwarzes Loch mit der Sogkraft von tausend sterbenden Sonnen in meinen Bauch. Ich hielt Max fest und meine Tränen zurück. Aber er schien Agnes unbedingt recht geben zu wollen: Mein Puls war auf hundertachtzig, und plötzlich krümmte Max seinen Oberkörper und erbrach auf meiner Bluse einen Schwall aus wässriger, lauwarmer Milch mit Blutschlieren von meinen Brustwarzen. Er brüllte sofort los, und ich hätte es ihm am liebsten gleichgetan. Stattdessen rief ich nach Jan. Der war jedoch auch nach einer Viertelstunde noch in der Dekontaminationskammer und förderte seine Durchblutung mit Wechselduschen. Ich drückte Max eng an mich, damit die Kotze nicht an mir hinunterlief, und eilte mit ihm zum Wickeltisch. Ein wütendes Kind umzuziehen war Routine, genau wie kleinere oder größere Unfälle mit Körperflüssigkeiten unterschiedlichster Couleur und Konsistenz. Diesmal war ich jedoch hektisch und fahrig, hatte Schwierigkeiten mit den einfachsten Handgriffen. Als ich vergaß, die Knöpfe am Halsausschnitt des Bodys zu öffnen und seinen Kopf nicht durch das Loch bekam, verlor Max endgültig die Fassung. Ich herrschte ihn an stillzuhalten und schämte mich sofort. Nach dem Boxenstopp warf ich meine nasse Bluse auf den Boden und trug ihn barbusig durchs Zimmer, auf den Lippen eines dieser Chansons, die mein Vater so liebte und ich deshalb hasste. Offenbar hatte Max nicht nur die Halbglatze mit seinem Opa gemein.

Endlich kam auch Jan aus dem Bad, genau wie ich mit nacktem Oberkörper. Er hatte abgenommen, seitdem er lief, zusammen brachten wir allerdings trotzdem noch mehr auf die Waage als früher. Bei einem schlüpfrigen Kommentar hätte ich ihm meine vollgekotzte Bluse vermutlich ins Gesicht geschleudert. Stattdessen fragte er mich doch tatsächlich, wo das Lansinoh sei, die Salbe für meine entzündeten Brustwarzen.

»Kaum zu glauben«, stöhnte er, »aber meine Nippel sind seit dem Laufen total wund – die haben sogar geblutet! Das muss am neuen Funktionsshirt liegen, es hat die ganze Zeit gerieben.«

Ich sagte es ihm.

»Willkommen im Club, was? Endlich verstehe ich dich. Wie hältst du das nur aus, Sophia?«

»Tja«, sagte ich. Jeder weitere Kommentar erübrigte sich. »Kannst du mir Max gleich bitte ein bisschen abnehmen?«

»Musst du aufs Klo?«

»Ich dachte da eher an eine Pause.«

Jan seufzte. »Reichen zehn Minuten? Du weißt doch, dass Martin und ich heute unbedingt diesen Artikel fertig kriegen müssen.«

Ich hatte es tatsächlich vergessen. Jan und Martin, das dynamische Volontärsduo. Seit Monaten spielten sie sich als Dream-Team auf, obwohl beide um dieselbe Redakteursstelle bei der *Stuttgarter Zeitung* kämpften. Max und ich standen in

Konkurrenz zu einer Freundschaft mit festem Ablaufdatum. »Dann fang lieber gleich an, so bist du schneller fertig. Ich gehe vielleicht noch mal mit Max spazieren, das Viertel unsicher machen.«

»Tut mir echt leid«, sagte Jan, »es ist Sonntag, und ich habe kaum Zeit für euch. Aber ich beeile mich und mache es heute Abend wieder gut, versprochen!«

Jan gab mir einen Kuss, streichelte Max über den Kopf und ging aus dem Zimmer. Selbst durch die geschlossene Tür konnte ich ihn stöhnen hören, als er sich die Salbe auftrug und seine Klamotten anzog, um zu Martin zu fahren. Ich dagegen blieb zurück, allein mit Max' Geschrei und dem Geräusch einsetzenden Regens.

Abends endlich die Ablösung. Eine Auszeit nur für mich – *egal, was passiert*, hatte Jan gesagt. Viel mit mir anzufangen wusste ich nicht, obwohl es mindestens tausend Dinge gab, zu denen ich tagsüber nicht kam. Ich versuchte zu lesen, aber meine Augen wurden schon nach zwölf Seiten schwer. Ohne zu wissen, worum es darin überhaupt ging, legte ich das Buch zur Seite. Max schien zu schlafen, zumindest hörte ich keinen Mucks. Auch ich sehnte mich nach Schlaf, fand im Bett aber einfach keine Ruhe. Ich wälzte mich hin und her. Schüttelte das Kissen aus. Versuchte es mit Atemübungen, bis mir wieder die Nase lief. Als ich nach zwei Stunden endlich wegdriftete, setzte nebenan das Geschrei ein. *Egal, was passiert*. Ich blieb liegen, versuchte es weiter. Zehn Minuten. Zwanzig. Max weinte noch immer, und ich gab es auf. Nahm das Handy vom Nachttisch und bot Jan meine Hilfe an. Er antwortete nicht. Im Forum war inzwischen ein Streit um meine Frage entfacht. Manche nahmen mich in Schutz, andere schlossen sich der Meinung von *Agnes* an. Ich hielt mich raus und las stattdessen lieber die neuesten Themen. *Essensrituale mit Trotzkind. Hilfe – Schlafsack-Dilemma! Sab Simplex oder doch lieber Bauchmassage? Meine Hebamme ist zu grob! Grüner Stuhl normal?!*

Bei einem Thema blieb ich schließlich hängen. *Kugelbauch19*, ein Forumsnewbie mit nur drei Beiträgen, wandte sich an uns mit einem Schlafproblem: *Ich weiß wirklich nicht mehr weiter! Nachts ist mein Süßer immer hellwach, und am Tag ratzt er fast 6 Stunden. Ich hab mal gelesen, der Schlaf ist bei uns Menschen genetisch veranlagt. Ist das so?? Gibt es auch bei Babys schon Lerchen und Eulen??!*

Ich tippte eine Antwort. Löschte sie wieder. Hörte Max beim Schreien zu. Und tippte sie erneut. *Wenn das auf deinem Profilbild dein »Süßer« ist, dann ist die Antwort leicht: ganz klar Eule. Wart ihr wegen des Kopfumfangs schon beim Arzt?*

Kugelbauch19 war noch online. Sie antwortete sofort. *WILLST DU DAMIT SAGEN, MEIN KIND SIEHT AUS WIE EINE EULE??!*

Ich musste lachen, zum ersten Mal seit Wochen. Und fühlte mich gleich viel freier. *Sei froh, dass es nachts dunkel ist! Wie putzt du ihm eigentlich die Halsfalte? Q-Tipp?*

Ich steckte das Handy ein und ging ins Wohnzimmer. Jan trug Max an der Schulter und tigerte sichtlich gestresst auf und ab. »Was machst du hier? Ich sagte doch, du hast heute Abend frei!«

Er meinte es gut, und ich wusste das zu schätzen. Aber ich hatte das Gefühl, dass es meine Aufgabe war. Ich war es schließlich gewesen, die das Baby unbedingt hatte bekommen wollen. »Ist schon okay, ich habe mich ausgeruht. Sieh zu, dass du Schlaf bekommst – du musst morgen arbeiten.«

Als Jan zu Bett gegangen war, setzte ich mich mit Max aufs Sofa und stillte ihn. Diesmal nahm er sogar dankbar meine rechte Brust an und trank zufrieden, bis er einschlief. Ich schaute wieder aufs Handy, keine Reaktion bislang. Natürlich war ich gemein gewesen. Ein schlechtes Gewissen hatte ich aber nicht. Im Gegenteil. Endlich wusste ich, was ich mit dem nächsten Tag anfangen wollte: *Agnes* rausekeln. Und da waren noch so einige andere, die mich schon seit Wochen nervten. Ich hatte Lust, Troll zu spielen und den Laden ein bisschen aufzumischen. Der Gedanke gefiel mir. Er gefiel mir sogar richtig gut. Und so fing es an.

***

Über Nacht war der Stuttgarter Westen entlang der U2 offenbar um etliche Attraktionen reicher geworden. An allen Scheiben Fettflecken platt gedrückter Nasen, auf den Fensterplätzen Menschen mit gereckten Hälsen, die gebannt auf Highlights wie das leer stehende Olgahospital, die gegenüberliegende Tankstelle oder eine an Schauwert kaum zu übertreffende Lidl-Filiale starrten. Die Fahrgäste am Gang blickten stur auf ihr Handy, verfolgten Breaking News über das Wetter oder den neuesten Topscore bei Candy Crush. Andere studierten dagegen ihre Schuhe, das Polstermuster, den Notknopf. Sie alle gaben ihr Bestes, um das Offensichtliche zu ignorieren: die sprichwörtliche Elefantenkuh im

Raum. Die Mutter mit dem schreienden Baby, die es wagte, ihnen auf der Fahrt zum Einkaufen, zur Arbeit, zum Kaffeeklatsch den letzten Nerv zu rauben.

Alle schauten weg. Niemand sah, wie ich unter dem dicken Mantel und der Zwangsjacke, mit der ich den strampelnden Max um meinen Bauch geschnürt hatte, in der Heizungsluft schwitzte. Niemand sah mich stehend auf und ab wippen, um ihn zu beruhigen, sah mich den wütend herumfuchtelnden Elefantenrüssel, seinen befreiten Arm, zurück in die Trage stecken und dafür einen blutigen Kratzer am Hals kassieren. Wie sehr mich das Muttersein überforderte, wollte keiner mit ansehen. Wozu auch? Alle hörten, alle wussten es.

»Der arme Kerl. Was hat er denn?«

Die alte Dame war eben erst zugestiegen und freiwillig neben uns stehen geblieben, anstatt gleich die Flucht ans andere Ende des Waggons zu ergreifen. Ich erwiderte ihr Lächeln und zuckte mit den Achseln, schob dann den Träger der Manduca zur Seite, damit sie einen Blick auf Max werfen konnte. Es kostete mich Überwindung, mein unglückliches Kind zu präsentieren, und ich schämte mich dafür. Babys weinen, na und? Ich hätte stolz sein müssen. Wie eine ganz normale Mutter. »Er mag eben keine Montage«, sagte ich laut genug, dass mich auch die Fahrgäste in den angrenzenden Reihen verstanden.

Die Dame legte den Kopf schief und strich Max mit den Fingern im Lederhandschuh unbeholfen über die Backe. Eine aufdringliche, zumindest aber nette Geste. Max drehte sich weg und brüllte nur noch lauter.

»Bestimmt hat er Hunger.«

Ehe ich antworten konnte, dass ich ihn erst vor einer halben Stunde gestillt hatte, säuselte sie zu Max: »Du Armer, schau nur, wie rot dein Kopf ist. Kein Wunder, mir wäre das auch zu warm dadrin!«

Mein Lächeln wurde sofort zu einem Kraftakt, die hochgezogenen Mundwinkel wie mit Gewichten beschwert. Ich holte tief Luft und musterte die besserwisserische Alte genauer. Die offenbar frisch frisierten, weißen Haare waren noch lang für ihr Alter, Boss-Mantel und Breuninger-Tasche sprachen für Stuttgarter Geldadel, bestimmt traf sie sich gleich mit aufgebrezelten Freundinnen in der Markthalle, um sich bei einem Viertele Trollinger über die karrieregeilen Mütter von heute zu echauffieren. Mit mir als Anekdote. Dabei hatte sie nicht die geringste Ahnung, so plump, wie sie Max gestreichelt hatte. Eine wie sie hatte keine Kinder großgezogen, sondern bestenfalls ein paar Pudelgenerationen zerschlissen.

Zu gerne hätte ich ihr das an den Kopf geworfen, das und vieles mehr. Doch als die U-Bahn am Berliner Platz hielt, spürte ich im eisigen Luftzug aus der geöffneten Tür den Schweiß auf meiner Stirn – und sagte leise: »Vielleicht haben Sie recht.« Dann stieg ich aus, eine Haltestelle zu früh. In die Stadt hatte ich mit Max gewollt, den ersten sonnigen Nachmittag seit Wochen genießen und endlich auch die Elternzeit. Ein wenig über die Königstraße und den Schlossplatz schlendern, im Buchladen stöbern, vielleicht auch ins Museum oder einen Kaffee trinken gehen. Stattdessen lief ich zu Fuß nach Hause und fühlte mich ohnmächtig und erniedrigt. Vor gerade mal fünf Monaten hatte ich mich als angehende Führungskraft bei Daimler in den Mutterschutz verabschiedet. Jetzt war ich wieder in der ersten Klasse und stand zur Strafe in der Ecke, bloßgestellt, weil ich zwar trotz guter Noten nicht als Streberin abgestempelt werden wollte, mich aber dann doch immer dafür schämte, mit meinen Streichen übers Ziel hinausgeschossen zu sein. Ich saß wieder als Vierzehnjährige am Esstisch, an dem mich mein Vater zum Aufessen zwang und mir dann Gabel für Gabel dabei zusah, wie ich unter Würgen die ungewollten Kalorien und das verhasste Fleisch hinunterschluckte. Fühlte mich zurückversetzt in den Hörsaal, wo mich Professoren und männliche Kommilitonen abkanzelten und auflaufen ließen, nur weil ich Brüste hatte. Angesichts einer derart konsequenten Regression war es nur folgerichtig, dass ich mit Max nun offensichtlich unter Hausarrest stand.

Oder von Moderatoren gesperrt wurde. Ich las die automatisierte Mail vom Mütterforum noch im Gehen. Aufgrund wiederholt gemeldeter Verstöße gegen die Netiquette sei mein Account für sieben Tage stillgelegt: *Vielleicht ja eine gute Gelegenheit, um in der Auszeit ein bisschen über dein Verhalten in unserer Community nachzudenken!* Nach gerade mal siebzehn streitlustigen Stunden musste ich mich als Trollin bereits geschlagen geben. Fuck you, *Agnes.*

Ein Kissen, das einem jemand Stärkeres mit aller Kraft aufs Gesicht presst. Eine Sauna mit von außen verriegelter Tür. Eine Meeresströmung, gegen die man nicht ankommt. Aus solchen Albträumen erwacht man wieder. Der Albtraum eines Schreibabys ist dagegen erst vorbei, wenn es eingeschlafen ist. Und das kann dauern. Seit einer Stunde fixierte ich die Digitaluhr neben dem Bett und erlebte jede verstrichene Minute als Niederlage, die die Uhr mit scharfen neongrünen Kanten in die Dunkelheit schnitt. Anfangs war ich noch wippend im Raum auf und ab gelaufen, hatte gesummt und gesungen, es mit beruhigenden Geräuschen und sämtlichen Tragepositionen bis hin zum Fliegergriff mit gefährlicher Kamikaze-Verlockung probiert. Ich hatte Max so oft gestillt, dass ihm die Milch wieder hochgekommen war, trotzdem konnte er nicht genug bekommen. Ich wollte ihm nichts mehr geben, aber er roch, dass sein Geschrei die Milch weiter aus meinen Brüsten triefen ließ. Verfluchter Reflex, ein Wunder fast, dass es nicht schon lief, wenn nachts im Hinterhof die Katzen schrien.

Es war aussichtslos, für beide von uns. Max klebte an meinem Shirt, sein Gesicht verschmiert von Milch, Rotze, Speichel und Schweiß, und schnappte verzweifelt nach Luft, während ich so ruhig wie möglich zu atmen versuchte und sein Geschrei bloß noch regungslos über mich ergehen ließ. Seit 21:28 Uhr war ich vor lauter Babytränen zu einer Salzsäule erstarrt. Seit 21:44 Uhr zitterten meine Arme. Seit 21:52 Uhr war mein linkes Bein eingeschlafen. Seit 21:54 Uhr brannte mir der Schweiß in den Augen. Seit 22:01 Uhr raste mein Herz, keine zwei Minuten später atmete ich bereits so schnell und unregelmäßig, dass ich zu hyperventilieren drohte. Um 22:04 Uhr brüllte ich Max schließlich an: »*Merde!* Was willst du noch von mir?«

Die Tür ging auf. Jan. Ich hatte ihm verboten, mich abzulösen, schließlich musste er noch zwei Artikel redigieren und konnte, da Max das Fläschchen verweigerte, ohnehin nichts ausrichten. Aber ich sah in seinem Blick, dass er nicht gekommen war, um mich vor Max zu retten, sondern umgekehrt. »Du brauchst eine Pause, Sophia«, sagte er ruhig, aber so entschlossen, dass eine Diskussion zwecklos gewesen wäre. Ich ließ ihn mir Max abnehmen und ging wortlos aus dem Zimmer. *Vielleicht ja eine gute Gelegenheit, um in der Auszeit ein bisschen über dein Verhalten in unserer Community nachzudenken!*

Auf dem Sofa bemühte ich mich, im Internet Ablenkung zu finden, klickte, während Max nebenan weiterschrie, aber bloß mechanisch meine Favoriten durch, ohne auch nur eine Seite wirklich anzusehen. Obwohl ich es besser wusste, versuchte ich mich vergeblich im Mütterforum einzuloggen. Noch immer dieselbe Sperrnachricht. Also legte ich mein Handy weg und starrte im dunklen Fenster auf die halbtransparente Spiegelung von mir im Wohnzimmer. Alles war in Auflösung begriffen. Die Fotos an der Wand – Jan und ich gemeinsam in Andalusien, auf einem Festival, bei einer Party: nur noch als Schemen erkennbar. Mein Oberkörper wurde vom Gestänge des Baugerüsts am gegenüberliegenden Haus durchbohrt, die Schultern an Querstreben fixiert, darüber mein aufgespießter Kopf. Jan hatte gerade erst einen Artikel über die Bauarbeiten geschrieben: eine aufgezwungene Aufwertung, die sich die aus dem Haus gedrängten Mieter nicht leisten konnten. Inzwischen waren es drüben nur noch Fassadenarbeiten, ich aber fühlte mich geradezu entkernt.

Im Kinderzimmer wurde es still, kurz darauf kam Jan heraus und konnte nur mit Mühe den Stolz über seinen Triumph verbergen. Max war vor Erschöpfung eingeschlafen. Jan ging sofort wieder zur Norm über, er schaltete das große Wohnzimmerlicht aus und ließ die Spiegelung beinahe verschwinden, setzte sich dann neben mich auf die Couch und arbeitete einfach weiter. Das war typisch für ihn. Jan war allein deshalb ein unerschütterlicher Optimist, weil er imstande war, alles Negative einfach auszublenden. Ich dagegen starrte weiter aus dem Fenster und suchte draußen nach dem dunkelsten Punkt.

»Wie findest du das Bild?«

Jan drehte den Bildschirm seines MacBooks in meine Richtung. *And now for something completely different*: Wenn er mich in schlechten Momenten auf andere Gedanken bringen wollte, probierte er es gerne mit einem thematischen Hakenschlag. Er zeigte mir das Foto einer Frau in Rückansicht, sie war weder dick noch dünn, vielleicht Mitte fünfzig, und trug über ihrer roten Windjacke einen grauen Schal. Eine Durchschnittsfrau. Im unteren Drittel des Bilds prangte ein dilettantisch platziertes Banner gegen Stuttgart 21.

»Tindern wir jetzt offen voreinander?«, fragte ich und versuchte zu lächeln. »Wer ist das überhaupt?«

»Keine Ahnung. Ist ein Stockfoto. Ich habe Stunden nach dem richtigen gesucht. Ich befürchte ja, meine Suchanfrage spült mir jetzt wochenlang Pornowerbung in den Feed: *alte Frau von hinten*.«

Ich musste lachen, befürchtete aber sofort, Max damit zu wecken, und verkniff es mir. Albern sein: Früher konnte ich das mit niemandem besser als mit Jan. »Sorry, das Banner sieht scheiße aus. Wie draufgepappt.«

»Das soll so sein. Es muss aussehen, als hätte es jemand wie meine Mutter gemacht«, sagte Jan und fuhr mit dem Cursor über die pixelige Schrift der viel zu kleinen Bilddatei.

»Bevor oder nachdem sie das Internet gelöscht hat? Aber im Ernst, wofür brauchst du das überhaupt?«

»Du wirst lachen: Ich trolle.«

Mein Amüsement hielt sich in Grenzen. Anders als Jan, der überall dasselbe simple Passwort benutzte, ging ich zwar stets auf Nummer sicher, zudem würde er nie und nimmer auf die Idee kommen, einen Blick ins Mütterforum zu werfen. Trotzdem fühlte ich mich, als hätte er gerade ganz beiläufig die intimste Stelle aus meinem Tagebuch zitiert.

»Darf ich vorstellen? Das ist Rita.«

Jan zeigte mir ein noch leeres Facebook-Konto mit der unbekannten Frau als Profilbild. Dann erklärte er es mir. Er erzählte mir von Echokammern im Netz, in denen sich Menschen zunehmend aus dem offenen Diskurs ausklinkten und einander bloß noch in ihren Ansichten bestärkten, erzählte mir von kognitiver Dissonanz und dem Wachsen gesellschaftlicher Gräben. Und er erzählte mir von seiner Mutter. Unwissentlich hatte ihn die vehemente S21-Gegnerin Jutta auf die Idee gebracht, sich mit Rita als Recherchetool unter jene zu mischen, die auch Jahre nach der verlorenen Volksabstimmung noch immer gegen den neuen Bahnhof kämpften. Sie waren bestens miteinander vernetzt. Keine Gruppe, der Jutta nicht beitrat, kaum ein Post, den sie nicht likte, teilte oder kommentierte. Indem Rita es ihr gleichtäte, wollte Jan Einblick in die Gruppendynamik erhalten und an diesem Beispiel eine Reportage über Filterblasen schreiben. Ein langfristiges Projekt, wie er betonte: »Das bringe ich erst ganz zum Schluss des Volontariats auf den Tisch – als Paukenschlag! Aber kein Wort darüber zu Martin, ja?«

Als er mich fragte, ob ich Lust hätte, ihm tagsüber mit dem einen oder anderen Beitrag von Rita zu helfen, war ich mit meinen Gedanken bereits längst woanders. Ein Fake-Account! Warum war ich nicht selbst auf die Idee gekommen?

Fünf Tage. Länger dauerte es nicht, um *Agnes* aus dem Forum zu jagen. Alles, was ich dazu brauchte, waren etwas Recherche und eine Handvoll gezielter Guerilla-Angriffe, schon musste ich nichts weiter tun, als amüsiert dabei zuzusehen, wie ihr die anderen den Rest gaben. *Agnes* war perfekt. Scheinbar mühelos bekam sie alles unter einen Hut: drei Kinder zwischen zwei und acht, ein Ladengeschäft in Münster samt DaWanda-Shop, wo sie selbst genähte und gefilzte Niedlichkeiten für glückliche Mütter verkaufte, parallel dazu sogar ein Fernstudium. Trotzdem fand sie noch immer die Zeit, uns im Forum permanent an ihrer unumstößlichen Weisheit teilhaben zu lassen. Aber niemand schreibt mehr als dreitausend Beiträge, ohne zwischen den Zeilen Brüche erkennen zu lassen. So sehr ihr auch alles zu gelingen schien, manchmal stieß selbst *Agnes* an Grenzen. Mehrfach hatte sie über impfwütige Ärzte oder zimperliche Erzieherinnen geklagt, die sie schon beim kleinsten Hüsteln darum gebeten hätten, ihr Kind aus der Kita zu holen. Und dann gab es da vor einiger Zeit noch einen Einrichtungswechsel, aufgrund pädagogischer Differenzen, wie sie es nannte. Dank der Hinweise in ihren Postings war es nicht schwer, den Namen der Kita herauszufinden. Eine anonyme Mitarbeiterin packte im Forum nun endlich aus: Egal ob Bindehautentzündung, Bronchitis oder gar Masern, immer wieder habe *Agnes* ihr Kind krank zur Kita gebracht oder zu spät abgeholt. Der Gipfel seien schließlich die drei (!) Paracetamol-Zäpfchen gewesen, die man beim Wickeln halb aufgelöst in der Windel entdeckt habe – belegt mit einem Foto, für das ich weder Mühen noch Nutellahände gescheut hatte. Dass der Account nach nicht einmal zwei Tagen gelöscht wurde: geschenkt. Bewirft man jemanden mit Scheiße, bleibt immer etwas hängen. Mit einem Mal hatte *Agnes* sämtliche Autorität im Forum eingebüßt, viele, die sich lange genug von ihrem harschen Urteil unterjocht gefühlt hatten, begehrten plötzlich auf und stellten die Moderatorin bei jeder Gelegenheit an den Pranger, bis sie entnervt das Handtuch warf. Ein Triumph auf der ganzen Linie: Ich fühlte mich wie William Wallace, wie Jeanne d'Arc, wie das Wunschkind von Neo und Trinity mit einem ganzen verdammten Koffer voller roter Pillen. Trotzdem meldete ich mich gleich nach Ende meiner Sperre aus dem Forum ab. Hier gab es nichts mehr für mich zu tun.

Januar 2014

Ich bin sechzehn, Thomas Gottschalk fasst einer Frau ans Knie und Frerk mir zwischen die Beine. Er legt seinen Finger an die Nase, vielleicht aus Neugierde, wie das wohl riecht, die Fischwitze kennen schließlich alle, vielleicht hat er es aber auch aus einem Film, den er im Nachtschrank seines Vaters gefunden hat, jedenfalls muss ich fast lachen und beiß mir auf die Lippen. Als er sich den Finger in den Mund steckt, kann ich's mir nicht verkneifen: »Kleines Frerkel«, grinse ich und bringe ihn damit aus dem Konzept. Er wird rot wie Gottschalks Jackett, über seinem Kopf ein Fragezeichen wie in einer Foto-Lovestory. Der Fernseher ist so laut, dass es dröhnt, Stille oder gar Musik hätte man uns aber niemals durchgehen lassen. Das ZDF ist unser Alibi, um alleine im Zimmer zu sein; neben uns die belegten Brote, die wir nicht anrühren, weil unsere Hände überall sind, nur nicht über der Decke. *Wetten, dass..?* Frerks Eltern keine Ahnung haben, was wir hier treiben? Die Baggerwette hat er schon mal gewonnen, sonst wäre ich nicht hier. Mehr als meine Jungfräulichkeit ist für Frerk Meier aus der 10b aber nicht zu holen, ein Trostpreis verglichen mit meinem Herz, das längst Jens Tietje aus der Zwölften gehört, der keine Ahnung von seinem Glück hat, geschweige denn von mir. Mit Frerk ins Bett zu gehen: aufregend zwar, vor allem aber eine Vorbereitung auf den Ernstfall. Auf die richtigen Jungs. Den einen. Frerk weiß das, deshalb ist das okay. Wir gehen nicht miteinander, wirklich befreundet sind wir auch nicht. Eigentlich steht er auf Steffi, das tun alle, auf Steffi oder Jule, aber Jule ist zu brav und Steffi zu krass, und so ganz ohne Erfahrung will er es bei ihr nicht wagen. Notnageln auf beiden Seiten also. Seine Versuche, meinen BH zu öffnen, sind so unbeholfen, als würde er mit verbundenen Augen Tetris spielen, also mache ich es selbst, ziehe gleich darauf meinen Slip aus und spreize die Beine. Frerk ist der erste Junge, der mich nackt sieht, eine Sensation für beide von uns. Dass er nicht anders kann, als zu gaffen und dann rot zu werden, nehme ich als Kompliment. Ich ziehe ihn zu mir hinunter und gestehe ihm meine eigene Nervosität, küsse ihn am Hals, im Nacken, am Ohr. Beim Eindringen helfe ich ihm, der Schmerz ist kurz und harmlos, wie der anschließende Sex. Bleibend hingegen ist die Erinnerung an einen Jungen, der mir dabei nicht in die Augen, sondern bloß fasziniert nach unten schaut. Der stöhnt, wie schön ich sei, während Chris de Burgh im Fernseher *Lady in Red* singt, was überhaupt nicht sein kann, aber im Grunde egal ist, weil drei Jahrzehnte *Wetten dass..?* rückblickend ohnehin zu einer einzigen Sendung mit Überlänge verschmolzen sind. Das erste Mal, auf das mich Dr. Sommer so viele Jahre vorbereitet hat, endet jedenfalls mit warmem Applaus und Bravo-Rufen aus der Stadthalle in Osnabrück.

Keine sieben Jahre später hätte mich Dr. Sommer getrost am Arsch lecken können, wenn ich mich nicht so für dessen Anblick geschämt hätte. Schon wieder ein erstes Mal, diesmal mit fünfundzwanzig und im vierten Versuch. Wir mussten es endlich hinter uns bringen.

»Bist du bereit?«

»Ich glaube schon.«

Jan glaubte das offenbar nicht, er küsste bloß meine Stirn und verschränkte seine Finger mit meinen. »Wir müssen das jetzt nicht machen.«

Aber wir mussten. Ich musste. So konnte das nicht weitergehen, vier Monate nach der Geburt brauchte ich dringend ein bisschen Normalität, etwas, das mir guttat und mir wieder das Gefühl gab, eine Frau und keine Milchkuh zu sein. Jan hätte es vermutlich noch eine Zeit lang ausgehalten, sich von mir bloß einen blasen zu lassen, dieses »Opfer« konnte er verkraften. Nein, es ging um mich. Einmal sollte es wieder um mich gehen. Ich legte Jans Hand, weil Brüste und Bauch noch immer tabu für ihn waren, auf meinen Oberschenkel und ließ zu, dass er mit ihr behutsam nach oben strich. Laborratten brauchen drei Elektroschocks, um aus dem Schmerz zu lernen; auch ich war längst konditioniert und zuckte zusammen, als sich Jans Finger unter den Bund meines Slips schoben. Ich hielt ihn zurück und bat ihn, das Licht auszumachen. »Ganz aus«, fügte ich hinzu, als er am Dimmer drehte. Am liebsten hätte ich ihm die Augen verbunden: Seit der Geburt war meine Vagina ein Unfall, unmöglich wegzusehen. Neunzehn Stunden hatte Max sich Zeit gelassen, am Ende musste er dann aber doch mit dem Kopf durch die Wand und alles einreißen, was sich ihm in den Weg stellte. Wie ein Rockstar ließ er beim Auschecken nichts als Verwüstung zurück. Siebzehn Wochen später sah ich noch immer wie ein eingedellter Mettigel nach einer Woche ohne Kühlschrank aus. Ich wollte nicht, dass Jan mich so sah.

Wir knutschten lange und innig wie zuletzt als Teenager, ausgebremst von der Angst vorm nächsten Schritt. Aber diesmal wollte ich nicht aufgeben, egal, wie weh es tat. Ich gab Jan das Kondom vom Nachttisch und schmierte mich mit so viel Gleitgel ein, dass ich mit nacktem Arsch den Stuttgarter Bopser hätte hinunterrutschen können – in meiner Vorstellung kaum schmerzhafter als das, was mir nun bevorstand. Seinen Penis einzuführen war Zentimeterarbeit, ein Brecheisen in einem verbretterten Tor. Ich schloss die Augen und versuchte, mich zu entspannen und die Muskeln zu lockern, versuchte, Lust zu empfinden, aber da waren nur Schmerz und die Erinnerung ans Foltermuseum auf der Klassenfahrt. An die rostige Birne, die vaginal eingeführt und dann gespreizt wurde. An den verfickten *Hexenhammer* und die dummen Witze der Jungs. An Frerks Zeichnung, die anschließend die Runde machte und mich breitbeinig auf dem Foltertisch zeigte, *an dieser Hexe verbrennt sich keiner mehr die Finger*. Als Jan endlich eindringen konnte, biss ich mir auf die Lippen, um nicht laut aufzuwimmern, ließ aber nicht zu, dass er sich zurückzog.

Ich fasste ihm an den Po und dirigierte mit sanftem Druck seine Bewegungen, und obwohl es so wehtat, dass mir der Schweiß auf der Stirn stand, wollte ich nicht aufhören, bis einer von uns kam. Blümchensex mit Kaktus war immer noch besser als keiner. Als Jans Penis erschlaffte und mit einem traurigen Schmatzen hinausglitt, ließ der Schmerz sofort nach. Er könne mir einfach nicht wehtun, entschuldigte sich Jan. Und wollte es wiedergutmachen, indem er mich ungefragt leckte. Ich verkrampfte und wich ruckartig zurück, stieß Jan dabei so heftig mit dem Knie gegen den Kopf, dass er sich zur Seite fallen ließ. Dass er mit seiner Zunge Stellen berührte, aus denen noch vor Kurzem Nähte wie Stacheldraht geragt hatten: eine unerträgliche Vorstellung.

Jan nahm es mit Fassung. Er hielt sich die Stirn und grinste: »Sag doch einfach, wenn ich mich ins Knie ficken soll.«

Wir lachten, immerhin das konnten wir noch miteinander. Jan kroch zu mir unter die Decke und legte den Arm um meinen Bauch, und obwohl seine Hand meine Dehnungsstreifen berührte, ließ ich sie, wo sie war.

»Wir müssen einfach Geduld haben«, sagte er nach einigen Minuten, in denen wir nur dagelegen und geschwiegen hatten, jeder mit seinen Augen und Gedanken woanders.

Mir war nicht nach Trost zumute. »Lief doch schon wie geschmiert«, sagte ich und streifte, als wollte ich die Bitterkeit in meiner Stimme widerlegen, etwas Gleitgel an Jans Nase ab.

Er ließ nicht locker, wollte mich unbedingt aufmuntern: »Keine Ahnung, ob Gott oder die Evolution dahintersteckt, aber irgendwer hat's gewaltig verkackt. Von wegen

Intelligent Design: Was spricht denn gegen's Eierlegen? Beim Brüten hätte ich dir sogar helfen können. Es ist einfach nicht fair für euch Frauen.«

Ich machte etwas mit meinen Lippen, das Jan im Dunkeln vielleicht als Lächeln interpretieren konnte. Und sagte nichts. Dank Max blieb mir die Fortführung des Gesprächs erspart; gerade einmal eine halbe Stunde, nachdem er endlich eingeschlafen war, heulte er schon wieder im Babyfon auf, haltlos und schrill, als hätten wir ihn nicht ins Kinderzimmer ausquartiert, sondern in den Wald. Anders als nachts, wenn wir Wer-sich-zuerst-bewegt-verliert spielten, sprang Jan diesmal sofort aus dem Bett und gönnte mir eine Pause. Er tat, was er konnte. Als Mann. Dass er keine Gebärmutter, keine Brüste hatte, konnte ich ihm schlecht anlasten. Die durchwachten Nächte plagten ihn genauso wie mich, abends und an den Wochenenden brachte Jan sich ein, sooft es ging. Dafür hatte er aber montags bis freitags mindestens acht Stunden am Tag Zeit zum Luftholen, während ich alleine bei Max bleiben musste, gähnend wie ein Fisch, der im trüben Aquarium nach Sauerstoff japst. An manchen Tagen konnte ich mich damit abfinden und sah ein, dass es nur eine Frage der Zeit war, bis ich wieder mehr Freiheit hätte. Andere waren dagegen wie ein Flugzeugabsturz; ich hielt Max meine Atemmaske vors Gesicht und erstickte an der Erfüllung meiner Pflicht. Denn das war es: meine Pflicht. Max brauchte mich mehr als seinen Vater. Max brauchte mich auf. Nicht umsonst gab es das Wort *bemuttern*, aber kein *bevatern* im Duden – sprachlich war die Arbeit für Männer nach dem *Begatten* getan. Wut auf Jan hätte vieles einfacher gemacht. Wut auf mich. Oder die Gesellschaft. Aber es gab kein Ziel für meine Wut, keinen Schuldigen, an dem ich sie hätte entladen können. Das änderte nichts daran, dass sie rausmusste, irgendwohin, wo sie keinen allzu großen Schaden anrichtete. *Little Boy*, so hieß die Bombe über Hiroshima. Um mich im Alltag mit meinen Jungs gefahrlos zu entladen, brauchte ich mindestens ein Bikini-Atoll.

Nebenan hörte ich Jan für Max singen, der Ton leiernd und schwankend, weil er seine Stimme nicht halten konnte und sich beim Auf-und-Abgehen im Kinderzimmer immer wieder vom Mikrofon entfernte. Anstelle von Kinderliedern sang er Max stets seine Lieblingssongs vor, wenn es nötig war, manchmal sogar ganze Alben. Spätestens nach zwei Liedern vergaß er meist, dass ich ihm durchs Babyfon zuhören konnte und sang beherzt wie unter der Dusche, was ihm gerade in den Sinn kam. Ich beließ es lieber bei Schlafliedern; sämtliche Titel, die mir in schlechten Nächten einfielen, hätten Max vermutlich nachhaltig verstört. Nach weiteren Gesangsniederlagen in verzerrtem Mono nahm ich mein Handy vom Nachttisch. So leicht war Max heute offenbar nicht zu beruhigen, jedenfalls nicht von Jan. Genügend Zeit für ein bisschen Stunk im LGBT-Forum. Allein schon der Titel: *Regenbogenkinder*. Die forderten es ja geradezu heraus. Angemeldet war ich schnell, nach fünf Wochen alles längst Routine. Captcha lösen, Registrierungsmail bestätigen, Profilfoto anlegen. Dann noch fix eine lustige Signatur druntersetzen, fertig: *Thomas_Gottschalk*. Sein erster Beitrag schrieb sich wie von selbst: *Liebe Freunde, ihr habt's bestimmt schon gehört:* Wetten dass..? *kommt zurück, und zwar verrückter denn je! Auch wir müssen mit der Zeit gehen. Deshalb werden wir jetzt so richtig krass, wie ihr jungen Leute so sagt. Stadtwetten waren gestern – ab sofort bitten wir euch Internet-Kidz zur Challenge! Und dafür suchen wir 1 Kandidaten, der so crazy drauf ist wie die Jungs bei Jackass. Vielleicht bist DU ja genau der Richtige für unsere Osterwette: männlich, schwul – und irre genug, um sich vor laufenden Kameras ein rohes Ei in den Anus zu schieben! Die Wette gilt als gewonnen, wenn du sieben Eier in aufsteigender Größe (von der Taube bis zum Strauß) unbeschadet einführen und wieder ausscheiden kannst. Dafür, dass du dir den Arsch für uns aufreißt, lassen wir selbstverständlich auch etwas springen: Auf dich warten zwei exklusive Tickets für die Premiere des Musicals* Mamma Mia. *Ich freue mich auf eure Bewerbungsvideos! Euer Tommy*

Um diese Uhrzeit waren in Foren selten Moderatoren zugegen, das erhöhte die Lebensdauer von Beiträgen um Stunden. Diesmal musste ich bloß zwei Minuten auf die erste Reaktion warten: *Findest du das witzig, du Spast?*

Fand ich. Und antwortete: *So richtig witzig wird's, wenn wir die Eier bunt anmalen und ihr danach Konfetti scheißt!*

In meinem Mund sammelte sich der Speichel wie kurz vorm Brechreiz. Ich legte mein Handy weg, das Display nach unten, und schluckte die Spucke hinunter, biss mir auf die Zunge. Nur langsam gewöhnten sich meine Augen wieder an die Dunkelheit des Zimmers, einzig erhellt vom aufblinkenden Babyfon. Inzwischen wimmerte Max bloß noch schläfrig vor sich hin, eine singende Säge als Begleitung zu Jans gesummtem Eels-Song, *Novocaine for the soul*, der vermutlich letzten Zugabe. Zwei Zimmer weiter stimmte ich leise mit ein, vor allem, um mich zu beruhigen, während ich zu Ende führte, was Jan vorhin nicht fertiggebracht hatte.

Es kostete mich Überwindung, als versuchte ich, in eine Steckdose zu fassen. Aber dann schob ich meine Finger hinein und wurde kurz laut. Ich summte mit gepresster Stimme den Refrain und spürte nichts als Schmerz, bestrafte mich so lange, bis ich endlich etwas anderes fühlte: ein paar Sekunden Erlösung, die mich einen Augenblick lang alles, wirklich alles vergessen ließen. Sogar die Scham.

***

Well, that escalated quickly. Die Mütterforen waren nur der Anfang gewesen, Brutstätte für einen Virus, der sich rasant ausgebreitet und binnen Tagen auch themenverwandte Foren kontaminiert hatte. Bald waren die Seuchenherde überall. Nach kaum mehr als einem Monat brauchte ich schon eine Excel-Tabelle für meine Zombiearmee aus Nicknames und Avataren, eine Übersicht ihrer Passwörter und Gegner; ich verwaltete meine Katharsis akribisch wie ein Münzsammler. Jan glaubte, dass ich meinen Kollegen trotz Elternzeit weiter zuarbeitete. Aus Langeweile, Ehrgeiz und Schreibabyfrust. Eine dankbare Fassade, während ich in Wahrheit meinen digitalen Hobbykeller in eine Folterkammer verwandelte. Anlässe gab es genug. Max schrie vier Stunden am Stück? Ein guter Grund, um Homöopathiefreunde und Impfgegner aufzumischen – oder welche zu spielen, gerne auch im selben Thread. Ein Streit mit Jan: Warum nicht mal wieder eine Horde verbissener Veganer gegen mich aufbringen? Ein fiebriges Kind war der ideale Nährboden für eine Runde Hate Speech im Gesundheitsforum, ein drohender Milchstau der perfekte Brandbeschleuniger für Zoff in der Landfrauen-Community. Schon wieder ein Büschel ausgefallener Haare im Duschabfluss: *Hey, PETA – wie findet ihr meinen neuen Pelz?* Es war so einfach, mit gezielten Provokationen und Tabubrüchen Reaktionen hervorzurufen. Dogmatiker brachte man besonders leicht auf die Palme, all die Vegetarier und Tierschützer, Feministinnen und Gutmenschen, religiösen Spinner und politischen Idealisten, die sich für ihre heilige *political correctness* um Kopf und Kragen redeten und spätestens ab der Hälfte der Diskussionen selbst wie Trolle verhielten. Das Potenzial schlummerte in allen: Auch ich hatte bis vor Kurzem noch versucht, alles immer richtig zu machen – und dabei stets den Ärger in mich hineingefressen. Andere zu entlarven, war darum meist die größte Genugtuung: der Moment, wenn sich meine Gegner als mindestens genauso frustriert und wütend entpuppten wie ich, sie ausfallend und persönlich wurden. Keine weiteren Fragen, Euer Ehren. *Maulkorbpflicht für alle Hunderassen*: immer ein Genuss. *Herdprämie statt Frauenquote*: Ich hol schon mal das Popcorn! Auf Twitter einen Shitstorm entfachen? Ein Kinderspiel. Die profilierungssüchtigen Empörungsenthusiasten dort sprangen reflexartig über jedes noch so dünne Stöckchen, um vor ihren Followern ihre moralische Überlegenheit unter Beweis zu stellen. Dank einer Schar an Accounts blieb ich flexibel. Ich konnte den Klimawandel ebenso gut leugnen wie apokalyptisch überzeichnen, Gendersprech oder Toiletten fürs dritte Geschlecht in einem Post verteufeln und im nächsten verteidigen, problemlos Netzfeministinnen und alte weiße Männer gegeneinander ausspielen. Für manche Leser war ich ein frustrierter Rentner oder Hartz-IV-Versager im Unterhemd, der schon morgens mit Pilsdose am Rechner saß und die gute, alte Zeit vermisste, als man noch Frau und Kinder schlagen durfte; andere hielten mich für einen weltfremden Juso im Studentenwohnheim oder den Steine schmeißenden Antifa-Assi im besetzten Haus. Aber ich hatte Grenzen. Ich wollte die Menschen nicht persönlich verletzen, sondern nur ihre Wut, ihren Widerstand. Eigentlich war es bloß ein Spiel, ein virtuelles Kräftemessen: In der Sache blieb ich hart und ungnädig, manchmal auch ausfallend, sobald meine Gegner jedoch mürbe wurden und entnervt vom Thema abließen, verlor ich das Interesse an ihnen. Überhaupt: Besonders ausdauernd war ich nie. Die meisten meiner Trollattacken waren situationsbedingt, ein Ventil, das sich, kaum war der Druck abgebaut, sofort wieder schloss. Viele meiner Figuren blieben Eintagsfliegen, selbst wenn sie nicht gleich vom Moderator gelöscht wurden.

RollingRose etwa hatte ihren großen Auftritt, als Max zu früh gelernt hatte, sich alleine auf den Bauch zu drehen. Zurück auf den Rücken kam er nämlich nicht. Dabei hasste er es, auf dem Bauch zu liegen. Seinen Kopf konnte er immer nur kurz oben halten, dann lag er wieder mit gestauchter Speckbacke im eigenen Sabber auf der Krabbeldecke und schrie sich die Seele aus dem Leib. Aber weil er ja sonst nichts konnte, machte er nichts anderes mehr. Kaum half ich ihm in die Rückenlage zurück, drehte er sich gleich wieder. In der Nacht übte er weiter und schreckte mich um eins, halb zwei, drei, acht nach drei, neunzehn nach drei, vier, elf nach vier, sieben vor fünf und ein letztes Mal um sechs aus dem »Schlaf«, den ich nach mehreren Fiebernächten hintereinander so dringend gebraucht hätte. Nach dem Schlafentzug folgte die Reizüberflutung durch ein permanent schreiendes Baby, und das ganz ohne Wachablösung in Sicht, weil Jan bis zum Abend in der Redaktion blieb und danach einen Termin hatte. Draußen nichts als Winter und Wind, die Fenster vor lauter Schneegestöber wie ein Fernseher ohne Signal. Seit einer Woche hatte ich fast nichts anderes als unsere Wohnung gesehen; umgeben von der Unordnung, die immer größer wurde, und Wänden, die mich täglich mehr erdrückten, fühlte ich mich wie in einer Müllpresse, aus der es kein Entrinnen gab. Dazu dudelte ständig das Telefon, analoger Klangterror von meiner Mutter, die auf eine Aussprache nach unserem letzten Streit drängte. Ob ich es nicht verantwortungslos fände, Max schon mit einem Jahr in die Kita geben zu wollen? Mir habe es jedenfalls nicht geschadet, bis drei zu Hause zu bleiben. Nicht vorwurfsvoll hatte sie mich das gefragt. Sondern besorgt. Als müsse sie Max vor mir beschützen. Ich hatte ihr meine Meinung gegeigt und dann aufgelegt, seit Tagen nervte sie deshalb mit ihren Anrufen, morgens, mittags, abends, erst auf dem Festnetz, dann auf dem Handy. Diesmal wollte ich mir ihre Entschuldigung nicht anhören. Als sie vor drei Wochen die Befürchtung anklingen ließ, ich sei mit Max überfordert, und schon nach Flügen geguckt hatte, um sich uns aufzudrängen, war ich viel zu nachsichtig gewesen. Was wusste sie schon? Natürlich war es anstrengend. Natürlich ging ich auf dem Zahnfleisch.

Aber ich hatte die Lage, soweit es ging, im Griff, immerhin hatte ich ja nur das Schrillen des Telefons mit dem Kissen erstickt.

Die Müdigkeit machte mich langsam und behäbig, der Blick auf die Uhr lähmte mich. Ein Tag wie ein Bergmassiv, eine Steilwand mit nur wenigen Vorsprüngen, die Halt gaben und eine Rast ermöglichten: Stillpausen und Mittagsschläfchen, mit etwas Glück vielleicht noch ein paar Minuten, die Max es unter dem Spielbogen aushielt. Seit Tagen brauchte er ständig Körperkontakt, und die Nummer mit dem Auf-den-Bauch-Drehen machte es nun sogar noch schwerer, ihn einen Moment lang abzulegen. In der Babywippe brüllte Max, als drohte ihm darin ein Schleudertrauma. Gegen den Stubenwagen wehrte er sich, als wollte ich ihn darin mit Schlaufen fixieren. Und wenn ich mich mit ihm gemeinsam vor den Fernseher setzte, weckte das bei ihm Panik wie ein schlechter LSD-Trip. Viel wohler fühlte Max sich auf meinen angewinkelten Beinen auch nicht, er schrie sich in Rage, als ahnte er, dass er an einer potenziellen Falltür lehnte. Ich schaukelte. Ich summte. Ich sang. Und er? Wurde immer lauter. Er hasste mich, daran bestand kein Zweifel. Sein hübsches Gesicht zeigte er mir nur, wenn er schlief und von zufriedeneren Müttern träumte, Müttern, die sich nie beim Gedanken erwischen mussten, alles stehen und liegen zu lassen und einfach abzuhauen. Wir saßen beide in der Falle. Ich band ihn ins Tragetuch und ging mit ihm durch die Wohnung, zeigte ihm das Bücherregal, Fotos, sein Spiegelbild. Nichts davon war interessant genug, um ihn abzulenken, all das hatte sich längst in sein kleines Gehirn eingebrannt. Max brauchte neuen Input. Also zeigte ich ihm das Schneetreiben vor dem Fenster und den Kühlschrank. Ich schüttelte neben seinem Ohr mit Saft, ließ Ketchup in der Flasche auf und ab laufen, raschelte mit der Brötchentüte. Und wurde ausgebuht wie ein Zauberer mit lahmen Tricks, dessen heutige Vorstellung noch mindestens neun Stunden dauern würde. Ich hatte nur noch ein Ass im Ärmel: die Reisewand. Die kannte Max noch nicht, auch ich hatte seit seiner Geburt keinen einzigen Blick mehr darauf geworfen. Obwohl sie fast zwei Meter breit war und direkt neben meinem Schreibtisch hing, war sie zu einem blinden Fleck in der Wohnung geworden. Mein Traum von einer Weltreise war einfach im toten Winkel verschwunden. Das Plakat sah aus wie die Hinweissammlung einer globalen Verbrecherfahndung. Rund um eine Weltkarte voller Stecknadeln hingen Post-its mit Ländernotizen, Fotos und ausgeschnittene Reiseberichte, das Ergebnis von zwei Jahren Planung und Recherche, die dank der ungeplanten Schwangerschaft vom einen Tag auf den anderen sinnlos geworden waren. Manchmal beruhigte ich mich mit dem Gedanken, dass es sich bloß um eine kurze Verzögerung handelte – aber das hieß es über den Berliner Flughafen schließlich auch seit Jahren. Natürlich konnten Jan und ich auch mit Kind noch reisen, allerdings nicht so, wie ich es mir vorgestellt hatte. Im Kern war es mir immer um die Freiheit gegangen. Wäre mein Leben ein Film gewesen, ich hätte längst damit begonnen, hinter dem Plakat einen Tunnel Richtung Flughafen zu graben. Heimlich, mit dem Stillhütchen. Stattdessen stand ich nun mit meinem schreienden Baby vor der Wand und zeigte ihm die große weite Welt im Kleinformat; eher

Wut- als Weltbürger, schrie Max aber einfach weiter, laut und schrill genug, um meine Nerven zum Klingen zu bringen. Ich deutete mit zitternder Hand auf Myanmar und erzählte mit leiser, bebender Stimme von Australien – um dann umso lauter »Scheiße!« zu brüllen, als ich das Plakat mit einem Ruck von der Wand riss. Eine Kurzschlussreaktion, eine saudumme obendrein: Reißzwecken und Stecknadeln tanzten klackend auf dem Laminat und rollten davon, mindestens drei Dutzend potenzielle Todesfallen für Max, von denen ich nicht eine übersehen durfte. Ich legte ihn ins Beistellbett und zog die Spieluhr am Mobile auf, um die Pins aufzulesen – musste aber dreimal wieder aufstehen, weil Max sich auf den Bauch gedreht hatte und in Panik geraten war. Als ich mich beim vierten Anlauf auf eine Reißzwecke kniete, verlor auch ich die Fassung. Ich heulte los wie zuletzt wahrscheinlich als Kind und vergrub schluchzend das Gesicht in meinen Händen. Ich konnte nicht mehr. Max und ich, wir brauchten beide eine Pause, brauchten Stille. Nach dem Anlegen wurde er sofort ruhig, schloss die Augen und saugte zufrieden an meiner Brust. Ich hielt ihn eng an meinem Körper, um ihm Geborgenheit zu geben, war selbst jedoch noch viel zu überreizt für Harmonie.

Das Handy bot jedenfalls keine Ablenkung: Mein Instagram-Feed quoll über vor Urlaubsfotos kinderloser Bekannter, die mit ihrem Glück nichts Besseres anzufangen wussten, als es permanent zur Schau zu stellen: Martin und Insa auf dem Wochenendtrip nach Venedig. Ben mit Rucksack in Laos und Kambodscha. Jule zusammen mit ihren Eltern harmonisch in Stockholm. Kurz spielte ich mit dem Gedanken, meiner Mutter aus lauter Frust eine vorwurfsvolle SMS zu schreiben. Aber es gab eine Alternative zur Eskalation: ohne anschließenden Telefonterror und klärende Gespräche. Ohne den Zwang zur Versöhnung oder Konsequenzen. Vorhang auf für *RollingRose* – ein Reiseforum für junge Eltern sollte die ideale Bühne für ihren Auftritt sein. Dort war man aufgeschlossen gegenüber abenteuerlustigen Müttern. Die wenigsten User hatten Bedenken, mit ihren Babys in Dengue- und Malariagebiete zu reisen oder ihnen vierundzwanzig Flugstunden nach Neuseeland zuzumuten. Wie oft hatte ich dort schon lesen müssen, wie unkompliziert das Reisen mit Baby doch sei. Wie wertvoll die gemeinsame Zeit. Wie glücksspendend die Erinnerungen. Wo, wenn nicht bei Travelmom, hätte man sonst Verständnis für eine Mutter gehabt, die plante, mit ihrem vier Monate alten Baby auf dem Everest einen Weltrekord aufzustellen? *RollingRose* wollte ihrem Sohn die Welt zeigen und den erhabenen Moment auf dem Gipfel mit ihm teilen. Eine Lektion fürs Leben: *Du kannst alles erreichen, was du dir vornimmst, mein Kind!* Natürlich hatte sie sich akribisch vorbereitet. Zwei kinderliebe Sherpas waren längst engagiert, im Schlepptau ein wärmender Yak, an den das Baby während des langen Marsches zum ersten Basecamp gebunden werden konnte. Die eigens angefertigte Fellmanduca für den Aufstieg hatte die Generalprobe beim Bergwandern in den Alpen bereits bestanden, frostresistente Schnullis gab es beim Sonderausstatter. Einen davon wollte sie statt einer Fahne am Gipfel zurücklassen – *ein schöner Gag, nicht wahr?* Aber *RollingRose* war natürlich keine Rabenmutter, auch sie machte sich so ihre

Gedanken. Wenn ihr Kleiner krank würde, bliebe einer der Sherpas mit ihm im Basiscamp zurück. *Aber wie, liebes Forum, ist es mit dem Stillen? Weiß jemand zufällig, wie sich Höhenluft und Kälte auf Muttermilch auswirken? Abpumpen macht wohl keinen Sinn, das gefriert ja sofort. Für Tipps wäre ich euch sehr dankbar!* Den ersten vernichtenden Kommentar im Thread schrieb ich mit einem zweiten Account selbst und gab damit die Richtung vor, so konnte ich die Diskussion von beiden Seiten befeuern. Als sich auch nach zehn Minuten niemand echauffiert hatte, fühlte ich mich jedoch wie nach Sex ohne Orgasmus – ohne die Wut der anderen war Trollen unbefriedigend. Aber ich war selbst schuld, hatte mich hinreißen lassen. Eine solche Geschichte kaufte mir keiner ab, unrealistischer waren höchstens meine eigenen Reiseträume. Ein Grund mehr, meinen Frust an der Reisewand auszulassen. Ausgerechnet beim Zerreißen rief ich das erste herzhafte Lachen im Leben meines Babys hervor. Gelächelt hatte Max schon oft, meist jedoch bloß reflexartig. Aber ein echtes Lachen aus konkretem Anlass? Das war neu. Und schön. Ich riss Europa entzwei, und Max lachte sich schlapp. Zerknüllte den Atlantik und erntete leuchtende Augen. Er kriegte sich kaum ein, als ich den Palästina-Konflikt mit einem Ruck löste, und quiekte vor Vergnügen, während ich die ganze Welt in Fetzen riss. Es war ein Witz auf meine Kosten, aber zum ersten Mal seit seiner Geburt erlebte ich meinen Sohn glücklich, hörte die pure Freude in seiner Stimme. Er sah zu mir auf und direkt in meine Augen, erwartungsfreudig und ehrlich begeistert von allem, was ich tat. Und dann war da nichts als Liebe.

***

Ein schöner Moment, zwei Tage später aber nur noch einen Scheiß wert. Nach einem demütigenden Vormittag bei Daimler trollte ich bis in den späten Abend und überschwemmte die offizielle Facebook-Seite von *Germany's Next Topmodel* zum Staffelauftakt mit Bildern hässlicher oder verunstalteter Frauen. Den Besuch mit Max im Büro hatte ich so lange wie möglich hinausgezögert, irgendwann waren mir aber die Ausreden ausgegangen, zumal mir ein vermeintlich kränkliches Kind später auch zum Nachteil ausgelegt werden konnte. Ich musste mich den anderen also endlich als stolze Mutter präsentieren. Horrorszenarien gab es viele: ein haltlos brüllender Max, der vor den Augen und Ohren aller meine mühsam erarbeitete Autorität untergrub. Ein Windelunfall mit flüssigem Stuhl. Nässende Brustwarzen. Kotze im Ausschnitt. Aber nichts dergleichen trat ein. Max war erstaunlich entspannt und ließ sowohl die S-Bahn-Fahrt als auch die grimassierenden Gesichter meiner Kollegen über dem Kinderwagen stoisch über sich ergehen, meinem Vorgesetzten Peter schenkte er sogar ein Lächeln. Max war tatsächlich kein Problem. Das Problem war ich. Es fing schon morgens an, als ich mich im Bad für unseren Besuch zurechtmachte und meinen Anblick nicht ertrug. Die Dehnungsstreifen und mein schrumpeliger Nacktmullbauch waren für niemanden sichtbar, auch die überprallen Brüste ließen sich noch halbwegs kaschieren. Dass sich meine inneren Organe beim Gehen wie Fleischabfälle vor dem Wolf stauten: eine interne Angelegenheit, streng vertraulich.

Aber meine Augenringe und die unreine Haut konnte ich kaum verstecken. Ich hatte mehr Pickel auf der Stirn als mit siebzehn. Schlimmer war nur der hormonbedingte Haarausfall; nach vier Monaten mit Büscheln in Bürsten und Abflüssen zeichneten sich längst die ersten lichten Stellen ab.

Eine fette Frau am Strand: *Heidi hat heute leider kein Foto für mich.* Ein essgestörtes Mädchen mit kaputten Zähnen und Hamsterbacken, abgemagert bis auf die Knochen: *Heidi hat heute leider kein Foto (mehr) für mich.* Ein Säureopfer aus dem Iran, das Gesicht bis zur Nasenwurzel verätzt: *Heidi hat heute leider kein Foto für mich.*

Im Büro wurde ich herzlich empfangen, und obwohl es mir einen Stich versetzte, dass alle im Controlling anscheinend bestens ohne mich auskamen, freute ich mich über das Wiedersehen nach einem halben Jahr. Besonders Kathrin gab sich große Mühe, damit ich mich wohlfühlte. Meine engste Mitarbeiterin hatte Kuchen gebacken und für ein Geschenk gesammelt, auch ihr Büro, das eigentlich meines war, hatte sie im Vorfeld geräumt und abgedunkelt, falls ich mich mit Max dorthin zum Stillen zurückziehen wollte. Kathrin war so nett, dass man ihr nur schwer böse sein konnte. Nach meiner Einstellung war es leichter gewesen, ihre Freundschaft zu gewinnen als ihren Respekt. Ich musste erst lernen, Kathrin auf Abstand zu halten und ihr gegenüber Härte zu zeigen, wenn sie einen Fehler gemacht hatte oder es zu locker angehen ließ. Ein halbes Jahr später waren wir keine Freundinnen mehr, dafür aber ein gutes

Team. Und nun umarmte sie mich so überschwänglich, als hätte ich es als Einzige lebend aus einem Flugzeugwrack geschafft. Fütterte mich mit überzuckertem Kuchen und überzuckerten Komplimenten, bis ich beider Dinge überdrüssig wurde, und versorgte mich mit dem neuesten Kollegentratsch, ohne auch nur ein Wort über unseren Job zu verlieren. *Meinen* Job. Als ich sie nach den Zahlen zu meinen letzten Projekten fragte, wagte sie es auch noch, mich abzukanzeln: Ich solle mich lieber entspannen und die freie Zeit genießen. Als sie sich schließlich strahlend zu einem Meeting verabschiedete, gab sie mir den Rest. »Das Glück steht dir richtig gut, Sophia! Als Mama bist du schöner denn je, viel weicher als früher.«

Angela Merkel in Bayreuth mit schwabbeligen Brüsten im unvorteilhaften Ausschnitt: *Heidi hat heute leider kein Foto für mich.* Amy Winehouse, abgetakelt und betrunken auf einer Preisverleihung: *Heidi hat heute leider kein Foto für mich.* Ein Paparazzi-Schnappschuss von Lady Di mit Hand vorm Gesicht, kurz, bevor sie in Paris ins Auto steigt: *Heidi hat heute leider kein Foto für mich.*

»Bitte entschuldigen Sie, Sophia – ich wusste nicht, dass ich störe«, sagte Peter und machte gleich wieder kehrt, als er, während ich stillte, ins Büro kam. Trotzdem blieb er in der Tür stehen, als hätte er geahnt, dass ich ihn nicht wegschicken würde. Daran, Max vor anderen die Brust zu geben, war ich längst gewöhnt. Ich zog das Stilltuch zurecht und bat meinen Vorgesetzten herein. »Kein Problem, setzen Sie sich ruhig.«

Er nahm Platz und legte die Beine über Kreuz, ein sicheres Zeichen dafür, dass er sich privat mit mir unterhalten wollte; ging es ums Geschäft, bewahrte Peter stets Haltung und konnte nach stundenlangen Konferenzen selbst als Neunundfünzigjähriger noch aufrecht sitzen. Dieselbe Haltung forderte er auch von uns ein. Manchmal glaubte ich, er hielt nur so viel von mir, weil er mich als Einzige im Team noch nie dafür rügen musste, während einer Sitzung Schwäche ausgestrahlt zu haben. Kaum saßen wir uns gegenüber, versteifte ich ganz aus Reflex meinen Rücken und hob Max ein wenig an, dabei hoffend, dass mir der Arm nicht schon nach wenigen Minuten zittern würde. Obwohl er eingeschlafen war und nicht mehr trank, ließ ich ihn, wo er war, um ihn nicht zu wecken.

»Na, fällt Ihnen etwa schon die Decke auf den Kopf?«

»Ganz ehrlich? Ja. Mir fehlt das alles hier.«

»Sie fehlen uns auch«, lächelte er. »Aber zu Hause werden Sie gerade nun einmal mehr gebraucht. Und Sie werden sich wundern, wie schnell das nächste halbe Jahr vorbei ist. Schon bald sehnen Sie sich danach zurück, nur diesen kleinen Zwerg hier herumkommandieren zu müssen.«

»Als würde der auf mich hören!«

»Das kommt noch, glauben Sie mir. Wer sich bei uns durchsetzen kann, der schafft es überall.«

»Ihr Wort in Max' Ohr!«, lachte ich und fühlte mich geschmeichelt. Natürlich war das Ganze bloß ein Rollenspiel, Teambuilding nach Lehrbuch. Für Peter war es vermutlich anstrengender, den nahbaren Chef mit überkreuzten Beinen zu spielen, als auf einer Sitzung harte Zahlen einzufordern. Wenn er nach demselben Human-

Resources-Ratgeber vorging, den er mir einmal ans Herz gelegt hatte, würde er unser Gespräch nachher mit einer kurzen, amüsanten Privatanekdote beschließen. Er spielte eine Rolle, genau wie ich; allerdings war die Rolle der Businessfrau die erste meiner vielen Inkarnationen, in der ich mich wohlgefühlt hatte. Peter Wartholz trug einen großen Anteil daran. Ich mochte ihn und sah zu ihm auf, und zwar nicht nur, weil er keinen Hehl daraus machte, mich zu protegieren. Schon mehrfach hatte Jan unser gutes Verhältnis halb ironisch, halb eifersüchtig auf meinen angeblichen Vaterkomplex geschoben. Bei aller Vehemenz, mit der ich Jans Einschätzung bestritt, waren die Parallelen nicht ganz von der Hand zu weisen. Genau wie mein Vater, bis zu seiner Pensionierung Direktor einer Bankfiliale in Wilhelmshaven, war Peter streng und anspruchsvoll. Er verlangte viel von seinen Mitarbeitern. Anders als mein Vater konnte Peter allerdings auch Anerkennung zeigen, behandelte mich nie von oben herab, sondern immer auf Augenhöhe. Er wusste, dass die Würdigung selbst kleinster Erfolge, dass Zufriedenheit und Wertschätzung ein größerer Ansporn waren als das permanente Höher, Schneller, Weiter, das von mir schon als Kind eingefordert worden war. Für Antoine Martin war Leistung immer alles gewesen. Eine Zwei plus in Mathe: Woran hat's gelegen? Abitur mit 1,0: Warum nicht Jahrgangsbeste? Wenn es um meine Ausbildung ging, konnte er darum nicht großzügig genug sein. Ich hatte niemanden im Studium kennengelernt, der mehr Geld von seinen Eltern bekam. Eine WG oder ein Nebenjob kamen nicht infrage, schließlich sollte ich mich aufs Lernen konzentrieren. Nach Jahren, in denen wir nur das Nötigste miteinander gesprochen hatten, rief er nun ständig in Berlin an, um mit mir übers Studium zu reden. Nicht aus Interesse, sondern um mich zu kontrollieren. Bis ich bei Daimler anfing, hatte ich mich Tausende Male dafür verflucht, nichts anderes studiert zu haben, etwas, von dem mein Vater als Bankdirektor keine Ahnung hatte. Medizin vielleicht. Oder Chemie wie mein Ex-Freund Ben, Journalismus wie Jan. Noch besser etwas Exotisches wie Sinologie. Meinen Vater in einer Fachrichtung zu beeindrucken, über die er nichts wusste und von der er bestenfalls nichts hielt, wäre ein deutlich größerer Erfolg gewesen. Stattdessen hechelte ich seinen Erwartungen hinterher und enttäuschte ihn zum Trotz in allen anderen Bereichen. Ich erfand mich immer wieder neu, besuchte Schauspielkurse, ging kellnern, verprasste mein Geld für Luxus, kam dann aber in Secondhandklamotten zur Familienfeier. Stellte ihm bewusst Freunde vor, die er hasste. Aber all meine Versuche, ihn vor den Kopf zu stoßen, waren nichts weiter als Pyrrhussiege. Trotz meiner kindischen Rebellionen, die nur selten über provokantes Auftreten oder gefärbte Haare hinausgingen, tat ich im Großen und Ganzen ja doch, was er wollte. Dass ich mein Studium mit Auszeichnung beendete, fühlte sich deshalb wie eine Niederlage an. Erst die Förderung durch Peter weckte meinen Ehrgeiz: Was, wenn ich meinen Vater übertrumpfen, ihn auf seinem eigenen Feld schlagen konnte? Wenn ich ihn, den großen Direktor einer kleinen Bank, nicht bloß stolz machte, sondern auch demütigte? Das einzige Mal, das ich meinen Vater weinen gesehen hatte – die Beerdigungen meiner

Großeltern eingeschlossen –, war der Tag seiner Pensionierung gewesen. Natürlich war dieses Gedankenspiel Bullshit, eine Falle. Nichts anderes wollte Papa von mir. Dass ich so dachte und wurde wie er.

Peter beugte sich nach vorne und senkte die Stimme, gab den vertraulichen Mentor: »Ich weiß, wie anstrengend die ersten Monate sind. Aber seien Sie dankbar für diese Erfahrung – ich war während der ersten Jahre meiner Kinder praktisch nur Zaungast, das werde ich immer bereuen. Andere Zeiten damals. Heute kann man beides haben, Kinder *und* Karriere. Meiner Ex-Frau hat das damals gefehlt: ein Sinn im Leben, der über unsere Kinder hinausging. Irgendwann war sie nur noch Mutter, nichts weiter. Verstehen Sie mich nicht falsch, ich habe ihr viel zu verdanken. Sie hat unsere beiden Mädchen praktisch alleine großgezogen. Aber unsere Aufgabentrennung – sie zu Hause, ich im Büro – hat damals viel kaputtgemacht. Es hat uns beiden an Verständnis für die Belastungen des anderen gefehlt. Machen Sie's besser!«

»Da müssen Sie sich bei mir keine Sorgen machen«, sagte ich und verlagerte mit dem Hintern das Gewicht, um meinen eingeschlafenen Arm zu entlasten. »Ich kann es kaum abwarten, wieder regelmäßig auf diesem Stuhl zu sitzen.«

Ich ließ meinen Blick zufrieden durch mein ehemaliges und hoffentlich auch zukünftiges Büro streifen; eine Zufriedenheit, die sofort dahin war, als ich Peter aus dem Augenwinkel auf meine Brüste starren sah. Kurz nur, vielleicht für eine oder zwei Sekunden. Aber lange genug, um kein Versehen zu sein. Erst als ich aus Reflex selbst hinabschaute, bemerkte ich das verrutschte Stilltuch, das, wahrscheinlich schon seit ich aufrecht saß, meine Brustwarze entblößte.

»Das hoffe ich, Sophia«, lächelte Peter. »Ich habe nämlich noch viel mit Ihnen vor!«

Ich hätte am liebsten am Hebel des Bürostuhls gezogen, um mit einem Ruck hinter dem Schreibtisch zu verschwinden. Stattdessen erstarrte ich wie ein Häschen im Scheinwerferkegel. Peter zur Rede zu stellen, war ausgeschlossen. Auch die Peinlichkeit, das Stilltuch zurechtzuziehen, wollte ich ihm und mir ersparen. Haltung bewahren, keine Schwäche zeigen: Das hatte er mich schließlich gelehrt. Zum Glück kam Peter schnell zum letzten Punkt der Tagesordnung, der obligatorischen, menschelnden Anekdote. Er stand auf und erzählte im Türrahmen davon, wie er kürzlich als Opa erstmals eine Windel gewechselt habe. Selbstredend hatte er sich dabei besonders ungeschickt angestellt und schmückte die Pointe mit der Krawatte in der vollgeschissenen Windel nun besonders blumig aus. Ich lachte laut und herzhaft, allerdings nicht über den Witz seiner Geschichte, sondern vor allem, weil endlich die Anspannung von mir abfiel. Tatsächlich bepisste ich mich vor Lachen. Und zwar im wahrsten Sinne des Wortes. Schönen Dank auch, Beckenbodensenkung: Beim Husten, Niesen und Lachen konnte ich manchmal meinen Urin nicht halten, ein Quell ständig neuer Demütigungen. Natürlich trug ich Einlagen, niemand bekam von den paar Tröpfchen etwas mit. Aber das änderte rein gar nichts. Ich wusste, dass ich mich im Beisein meines Chefs eingenässt hatte. Und das reichte.

Eine Nahaufnahme meiner pickeligen Stirn: *Heidi hat heute leider kein Foto für mich.* Meine Dehnungsstreifen, mit Filter plastisch wie Narben nach einem Prankenschlag: *Heidi hat heute leider kein Foto für mich.* Zoom auf meine entzündete, blutige Brustwarze: Mark Zuckerberg hat heute leider keine Erlösung für mich. Sondern nur eine Sperre.

***

Einen Tag später war auch Rita auf Facebook verschwunden. Dabei war ich in ihrem Fall wirklich vorsichtig gewesen, vor allem, um mich gegenüber Jan nicht verdächtig zu machen. Während er nebenan Max in den Schlaf sang, versuchte ich mehrmals erfolglos, mich bei ihr einzuloggen, aber ihr Profil war einfach nicht mehr da. Anders als bei meinen regelmäßig gesperrten Fake-Accounts setzte mir dieser Abschied zu, ich hatte die harmlose Rita inzwischen ins Herz geschlossen. Dass Jan als Troll ein absoluter Dilettant war, hatte meinen Ehrgeiz geweckt, ihr Profil mit Leben zu füllen, sie glaubwürdig zu machen. Um ihren Feed mit politischem Content zu füttern, musste ich nur Jans Mutter auf den Mund schauen, schließlich war Jutta ebenfalls eine von diesen traurigen Figuren, die nicht wussten, wann sie verloren hatten. Aber das reichte nicht. Rita brauchte Freunde. Hobbys. Eine Familie. Private Fotos teilte sie nur selten, allein schon aufgrund ihrer Angst vor Datenkraken. Aber vermeintlich witzige Sprüche und Bilder mit dem Humorverständnis einer einfältigen Mittfünzigerhausfrau, die brachte sie gern. Und Katzen gingen immer. Rita hatte erst zwei, dann plötzlich drei von ihnen, weil einem User die unterschiedliche Fellmaserung meiner ergoogelten Bilder aufgefallen war. Katze eins musste sie Mitte Januar einschläfern lassen, ein herber Schlag für die ganze Community. Und für mich eine Überraschung: Das Mitleid gab mir weit mehr als die Wut, die ich anderswo hervorrief. *Es tut mir so leid, was du durchmachen musst:* Worte, auf die ich fast ein halbes Jahr gewartet hatte. *Du hast dieses Unglück nicht verdient:* Endlich fühlte ich mich verstanden! Natürlich galt das nicht mir. Als Mutter eines gesunden Kindes, obendrein auch noch mit besten Karriereaussichten und in glücklicher Beziehung, erntete ich bei anderen vielleicht Neid, ganz sicher aber kein Verständnis. Mitleid musste man sich verdienen: indem es einem schlechter ging als anderen, man ihnen das Gefühl gab, es besser zu haben. Es war also nur logisch, Rita zu einer kränklichen Person zu machen, zumal ich ständig neue Ausreden brauchte. Immer öfter wurde sie zu privaten Treffen gebeten, auf Demos vermisst, zu Diskussionsrunden eingeladen. Und nun war sie einfach weg. Dabei hatte ich mich so auf ihre Grippe gefreut: auf die Genesungswünsche, das Mitleid für Schüttelfrost und Fieber, ihren ärgerlichen Arbeitsausfall. Was für 1 Verlust!

Jan kam in Rekordzeit aus dem Kinderzimmer zurück und setzte sich neben mich aufs Sofa. Im Babyfon leises Atmen, ansonsten Stille. Max war tatsächlich eingeschlafen, ohne sich vorher müde zu schreien. Jans erfolgsheischendes Grinsen ließ ich trotzdem ins Leere laufen. Ein erfolgreicher Sprint mit ausgeruhten Füßen verdiente nicht mehr Applaus als mein tagtäglicher Marathon ohne Publikum.

»Hast du ihm wieder diese Schlaftabletten gegeben?«

»Hab ihm bloß von meiner Arbeit erzählt.«

»Das erklärt natürlich alles. Apropos: Es tut mir leid, ich finde Rita nicht mehr. Jemand muss sie gemeldet haben.«

Jan war weder verärgert noch überrascht. Stattdessen nahm er meine Hand und lächelte zufrieden. »Alles gut, ich habe sie gelöscht. Zum einen habe ich alles für den Artikel beisammen, und zum anderen denke ich, dass ich die ganze Sache erst mal ruhen lasse. Das rennt mir nicht weg.«

»Vor einer Woche hast du noch von nichts anderem gesprochen!«

Er rückte näher und legte den Arm um mich, streichelte mit dem Daumen über meinen Handrücken. »Es ist jetzt genau ein Jahr her.«

Ich sah ihn fragend an.

»Dass wir uns dazu entschieden haben, Max zu bekommen. Es war heute vor einem Jahr.«

Nur ungern dachte ich an die acht Wochen nach dem positiven Schwangerschaftstest zurück. Zwei Monate, in denen ich keinen klaren Gedanken fassen konnte, taumelnd zwischen dem Drang nach Unabhängigkeit und meiner Verantwortung für dieses Kind. Als ich schwanger wurde, waren Jan und ich beide vierundzwanzig und noch keine anderthalb Jahre zusammen. Natürlich liebten wir uns, etwas anderes als eine gemeinsame Zukunft kam uns gar nicht in den Sinn. Nur: Das mit der Zukunft, da waren wir uns einig, hatte noch Zeit. Vorher standen noch mindestens zwei Jobwechsel im Raum, träumten wir von Jahren im Ausland und der gemeinsamen Weltreise – doch plötzlich hatten die Dinge Konsequenzen. Nach dem Test gingen wir uns deshalb, obwohl es uns mit getrennten Wohnungen ein Leichtes gewesen wäre, zwar nicht aus dem Weg, drückten uns aber, wann immer es ging, vor den Was-wäre-wenn-Diskussionen, die wir selten und dann bloß mit allergrößter Vorsicht führten. Keiner von uns wollte vorpreschen und die Verantwortung für eine Entscheidung übernehmen, die sich nicht mehr rückgängig machen ließe. Wir beide hatten Angst. Wer auch immer am Ende die Richtung vorgab, riskierte, sich den lebenslangen Vorwürfen des anderen auszusetzen. Schließlich ging es nicht nur um das Leben des Babys, genauso ging es auch um unseres, um Jans und meines. Stattdessen entdeckten wir also lieber Binge Watching für uns und flohen für komplette Wochenenden im Bett nach Albuquerque. Letzten Endes hatten aber nicht *wir* uns für Max entschieden. Sondern ich.

»Ich habe dir versprochen, dass wir das hinkriegen«, fuhr Jan fort, »gemeinsam. Und nun ich habe das Gefühl, dass ich –«

»Hör auf. Bitte.«

»Ich sehe jeden Tag, wie erschöpft du bist. Wie sehr dir das alles zusetzt. Ich möchte dir einfach mehr helfen.«

»Ich komme zurecht«, sagte ich und löste mich aus Jans Umarmung. »Max wird immer entspannter, in den letzten Tagen hat er kaum geschrien.«

»Dann kannst du dich ja guten Gewissens erholen. Für den Lehrgang am Wochenende melde ich mich krank. Und so eine zähe Erkältung kann schon mal bis Dienstag, Mittwoch gehen.«

»Das kann ich nicht zulassen.«

»Willst du mich verpetzen?«

Obwohl ich mich dagegen wehrte, musste ich lächeln. Die Vorstellung, ein paar Tage auszuschlafen und vielleicht sogar etwas Zeit für mich zu haben, war in der Tat verlockend. Ich verabschiedete mich mit einem Kuss ins Bad, um zu duschen, und war für einige Minuten beinahe euphorisch. Aber genau wie nach der spontanen Entscheidung an der Uni, ein langweiliges Seminar zu schmeißen, übernahm die Scham schnell wieder die Oberhand. Es war eine Sache, ein Jahr lang nicht arbeiten zu können; dass ich gerade auch als Partnerin versagte, ließ sich zumindest mit meiner ständigen Müdigkeit und den Nachwirkungen der Geburt entschuldigen. Aber wenn ich nicht wenigstens eine gute Mutter war – was war ich dann noch? Plötzlich war die Wut wieder da. Auf mich. Und auch auf Jan. Dass er mir helfen wollte, konnte ich ihm nicht übel nehmen. Aber mich ausgerechnet jetzt um Ritas Grippe zu betrügen: Das war wirklich unverzeihlich.

März 2014

Achtung, Aluhutträger! Gelächter aus dem Wohnzimmer, wahrscheinlich bloß wieder einer von Martins schlechten Witzen. Ich schrieb Jan, er solle unsere Gäste bitten, ein bisschen leiser zu sein. Und dass sie ruhig schon aufbrechen könnten, Max sei beim Stillen leider aufgewacht. Eine glatte Lüge: Er hat mit geschlossenen Augen an meiner Brust getrunken, also standen die Chancen gut, dass er sich gleich anstandslos zurück ins Bett legen lassen würde. Ich wischte einen Tropfen Milch von seiner Backe und tippte dann weiter. *Ohne Scheiß, ganz dicht ist Dr. Remmel nicht. Anhand der Schädelform meiner Tochter wollte er mir beweisen, dass sie genetisch mit Reptiloiden verwandt sei. Klar war ich da skeptisch! Also legte er noch einen drauf und zeigte mir Ultraschallaufnahmen anderer Babys: Besonders im frühen Embryonalstadium lasse die Körperform eindeutige*

Rückschlüsse zu. Mamis, seid gewarnt! Trotz künstlerischer Freiheiten meinte ich die Warnung bei Jameda ernst; nach unserem letzten Termin war ich fest entschlossen, den Kinderarzt zu wechseln. Dass ich Max nach Bedarf stillte? In seinen Augen ein fataler Fehler, der Junge brauche einen festen Rhythmus. Und da ich ihn nachts nicht schreien ließ, würde er nie lernen durchzuschlafen. Dann kam Dr. Remmel noch grundlos auf Max' Ohren zu sprechen und versicherte mir, es gebe keinen Anlass zur Sorge, das verwachse sich noch. Am liebsten hätte ich ihm seine antiquierten Ansichten um die riesigen, haarigen Altherrenohren gehauen, stattdessen nahm ich aber weder Max noch mich in Schutz und verließ bloß geladen die Praxis. *Der Ausgewogenheit halber ein dickes Plus: kurze Wartezeiten und flexible Terminvergabe, außerdem sehr freundliche, nicht-reptiloide Arzthelferinnen.* Ich legte Max zurück ins Bett und horchte an der Tür. Hörte wieder Martins polterndes Lachen und das Klacken von Insas Absätzen auf den Fliesen. Hörte noch ein viel zu zaghaftes »Psst« von Jan und dann, endlich: die Haustür. Erst als sie hinausgingen, schickte ich die Bewertung ab, ein knapper Sieg für Team Max in der Nachspielzeit.

Zum Abschlagen war jedoch niemand mehr da. Die Ruhe dröhnte in meinen Ohren wie das akustische Äquivalent zur verbrauchten Luft im Raum. *Lasst einfach alles stehen und liegen*, hatte ich geschrieben, und nun erinnerte der Wohnzimmertisch ans Stillleben einer plötzlichen Apokalypse. Ich begutachtete die letzten Spuren der Menschheit: drei Gläser Wein, nur eines von ihnen ausgetrunken. Mehrere Biere und eine leere Flasche Bardolino mit abgeknibbeltem Etikett. Oliven, Nüsse und Käse in Schalen, auf einem Unterteller Zahnstocher und Kerne in einer Ölpfütze. Krümel und Flecken auf der Tischplatte und am Boden, Tabakbrösel auf der Fensterbank. Und überall das wertlos gewordene Geld des zusammengebrochenen Finanzsystems. Hunderter in Weinpfützen und Tausender, die achtlos mit Füßen getreten worden waren. Auf den Straßen das blanke Chaos, selbst die Schlossallee lag in Trümmern. Jans Fingerhut, zurückgelassen auf Martins Südbahnhof und auf ewig in seiner Schuld. Martin selbst stand mit dem Schuh auf LOS, wo auch sonst, Insas Zylinder war keinem Feld mehr zuzuordnen und parkte stattdessen neben ihrem Geldstapel auf dem Tisch. Mein Bügeleisen lag dagegen noch immer dort, wo ich drei Durchgänge vor dem Stillen hängen geblieben war: im Gefängnis. Jan und ich hatten bei Monopoly nicht nur verloren, wir hatten uns demütigen lassen. Für mich lief es gut, bis ich um neun das erste Mal zu Max musste und Jan für mich so lange übernahm. Eine Viertelstunde, länger brauchte er nicht, um mich an den Rand des Ruins zu treiben. Spieleabende mit Jan waren möglich, aber sinnlos. Er hatte keinen Ehrgeiz, für ihn waren Brettspiele nichts weiter als ein Zeitvertreib; genauso gut hätten wir mit Martin und Insa auch einfach einen Film schauen können. Die beiden hatten sich ohnehin selbst eingeladen, es sei schließlich, so Insa, schon viel zu lange her, dass wir einander zu viert gesehen hätten. Jan und Martin trafen sich täglich in der Redaktion, zu ihrem Feierabendbier stieß auch Insa oft hinzu. Ich dagegen blieb inzwischen meist außen vor. Im letzten halben Jahr hatten sie sich zu einem einzigen Anstandsbesuch nach Max'

Geburt durchringen können, bei dem sich ihr Interesse an dem Menschenknäuel in meinem Arm jedoch dermaßen in Grenzen hielt, dass ich, so gerne ich ans gemeinsame Ausgehen früher zurückdachte, auf weitere dieser Pflichttermine gut verzichten konnte. Fünf Minuten hatten wir über meine Geburt gesprochen, fünfzehn über die nervige neue Kollegin in Insas Agentur. Und Martin? Stand die Hälfte der Zeit mit Jan auf dem Balkon und klärte ihn kettenrauchend über die Gefahren des Roboterjournalismus auf. Durchs Fenster konnte ich beobachten, wie Jan minütlich an Körperspannung verlor, während Martin sich immer weiter aufblies, armfuchtelnd wie eine dieser aufblasbaren Werbefiguren vor amerikanischen Gebrauchtwagenläden. Als die beiden zurück in die Wohnung kamen und dabei einen Schwall verrauchter Luft ins Zimmer ließen, von der ich mir noch Stunden später einbildete, sie an Max' Strampler riechen zu können, war ich dankbar, dass sich unsere Gäste nur Minuten später verabschiedeten. Ich hätte es also wissen müssen: dass Martin und Insa sich nicht zu uns eingeladen hatten, weil ich ihnen nach vier Monaten ohne Treffen als Freundin fehlte. Und wie dämlich es war, mich wider besseres Wissen auf den Abend zu freuen, ja sogar ein bisschen geschmeichelt zu fühlen. Denn natürlich ging es bei ihrem Besuch weder um mich noch um Jan. In Wahrheit wollten sich Martin und Insa bloß selber feiern und brauchten dafür Publikum.

Lasse alle Deine Häuser renovieren. Zahle an die Bank für jedes Haus DM 500, für jedes Hotel DM 2000. Ich sammelte die Karten und das Geld zusammen, legte Figuren und

Würfel in die Packung, klappte das Spielfeld zu – und war dabei viel zu effizient. Das ging zu schnell. Die Teller stellte ich deshalb nicht aufeinander, sondern brachte sie einzeln in die Küche, immer nur einen pro Hand. Auch für die Gläser holte ich mir kein Tablett, trug sie stattdessen nacheinander zur Spüle und wusch sie ab. Nicht einmal das Besteck vom Abendessen stellte ich in die Spülmaschine. Es war viertel nach zehn, Max hatte frühestens in zwei Stunden wieder Hunger. Nachdem ich den Tisch geputzt hatte, dachte ich ernsthaft darüber nach, den Boden zu wischen, leerte dann aber doch bloß den Aschenbecher auf dem Balkon. Martin rauchte häufig und schnell, einige Stummel in der Schale wären noch lang genug gewesen, um sie für zwei, drei Züge wieder anstecken zu können. Das Rauchen war das Erste, das ich als Mutter aufgegeben hatte. Nur einmal ziehen, warum nicht? Ganz bis zum Filter runter und dann weiter, immer weiter, so lange, bis mir die Lippen brannten und mein Mund bloß noch nach Kunststoff, nach Gift, nach Selbstekel schmecken würde. Ich kippte die Stummel stattdessen in eine Tüte und hustete von der aufgewirbelten Asche. Auf der Straße Albernheiten und Gelächter, die Studenten aus dem Nachbarhaus waren in Aufbruchsstimmung. Nach der WG-Party ging es mit Wegbieren weiter in die Stadt – genau wie Jan und die anderen, die losgezogen waren, um die *tollen Neuigkeiten* zu feiern.

»Hey, Kasparow, brauchst du für deinen Zug eine Sanduhr?«

Tatsächlich hatte Jan etwas länger als nötig darüber nachgedacht, ob er trotz klammer Kasse einen Hotelbau in der

Goethestraße riskieren sollte. Für Martin eine willkommene Gelegenheit zu einem ätzenden Kommentar: »Kein Wunder, dass du Artikel immer erst nach der Deadline fertigkriegst!«

»Hör auf zu nölen, Bob«, sagte Jan und gab, nachdem er das Risiko eines Investments eingegangen war, den Würfel an Insa weiter.

»Bob?«

»Kennst du nicht die Anekdote von Bob Dylan und Leonard Cohen? Dylan schrieb seinen Song *I and I* in nur knapp fünfzehn Minuten, während Cohen für *Hallelujah* Jahre brauchte. Sind trotzdem beide Genies.«

Martin gefiel der Vergleich so gut, dass er meinen Einwand, singen könnten alle beide nicht, einfach überging. »Na, solange ich derjenige bin, der dauernd für den Nobelpreis nominiert wird, soll's mir recht sein.«

»Dafür bin ich eben der *Ladies' Man*!«

»Klar, du Bumser. Bis du wegen Depressionen ins Kloster gehst und dir deine Managerin das komplette Vermögen stiehlt.«

Zog man von ihrer Freundschaft die Sticheleien, das ständige Frotzeln und Schwanzvergleichen ab, blieb erschreckend wenig Substanz. Da war keine Nähe, keine echte Verbundenheit. Da waren bloß Rivalität und die Angst, am Ende des Volontariats den Kürzeren zu ziehen. Trotzdem schienen sie einander zu brauchen, um sich gegenseitig zu pushen. Martin machte Jan zu einem besseren Journalisten. Ihr Konkurrenzkampf stachelte ihn an, weckte einen Ehrgeiz, den ich überhaupt nicht von ihm kannte. Jeden Abend prüften die beiden peinlich genau, wer von ihnen diesmal einen größeren Anteil an der Wand im Pressehaus hatte, einer großen Magnettafel, an die alle geplanten Artikel der nächsten Ausgabe gepinnt wurden. Jan war kreativer als Martin und konnte öfter eigene Themen lancieren, allerdings kamen auf eine dieser Ideen immer mindestens drei, die abgelehnt worden waren – genau wie seine aufwändige S21-Geschichte um Rita, wie mir Jan irgendwann gestanden hatte. Manchmal wollte er ganz einfach zu viel, auch sprachlich. Martin dagegen war effizient, stromlinienförmig. Er konnte sich nicht nur gut anpassen, sondern stand dank etlicher Praktika bei hochkarätigen Zeitungen und Magazinen auf dem Papier auch klar besser da als Jan.

»Jetzt hab ich dich an den Eiern!«, rief Martin, als Jan auf seiner Schlossallee gelandet war. Nach der horrenden Miete, die er nur noch mit etlichen kleinen Scheinen zusammenkratzen konnte, blieben ihm nicht mehr als ein paar Fünfziger. Martin kostete seinen Triumph aus, indem er das Geld Schein für Schein nachzählte und dabei immer langsamer wurde. Beim Stand von siebentausendfünfhundert DM hielt er plötzlich inne, um die *tollen Neuigkeiten* auszupacken, die Insa am Anfang des Abends schon so geheimniskrämerisch angekündigt hatte: »Ich glaube, du könntest etwas Aufmunterung vertragen. Soll ich die Bombe platzen lassen? Du bist mich bald los!«

»Ist man dir also endlich auf die Schliche gekommen?«

»Sozusagen. Dass ich gut bin, hat sich jedenfalls bis Berlin herumgesprochen. Ich fange im Juni bei der *taz* an!«

»Wow«, sagte Jan mit einem Lächeln, das ich von Besuchen bei meinen Eltern kannte. »Herzlichen Glückwunsch!«

»Na, dir auch! Ich stehe dir bei der *Stuttgarter* nun zumindest nicht mehr im Weg.«

Martin hob sein Glas und grinste so selbstgerecht, als schenkte er einem unterlegenen Gladiator das Leben. Seine Arroganz kotzte mich nur noch an. Jan aber wirkte mit einem Mal erleichtert, geradezu gelöst. »Tja, dann haben wir wohl beide einen Grund zu feiern!«, sagte er und stieß mit einem Schwung an, als hätte nicht Martin, sondern er das große Los gezogen. *Du hast den zweiten Preis in einer Schönheitskonkurrenz gewonnen. Ziehe DM 200 ein.*

Natürlich prostete ich ihnen zu, in die Augen schauen konnte ich allerdings keinem von beiden. Jan merkte es einfach nicht, genau wie damals bei Ben in Berlin. Beste Freunde hatten sie sich genannt, dabei hatte Ben Jan nie respektiert. Immer suchte Jan sich Freunde, denen er sich unterlegen fühlte. Freunde, die ihn mitzogen und weiter brachten, als er es vielleicht alleine geschafft hätte, ihn zugleich aber auch kleinhielten. Nur ein einziges Mal hatte Jan mich ernsthaft überrascht: als er den Mut aufbrachte, mir seine Gefühle zu zeigen. Noch unvorbereiteter traf es nur Ben. Dass ich ihn ausgerechnet für den braven Jan verlassen würde, wäre ihm nicht eine Sekunde in den Sinn gekommen. Dabei war er selbst es gewesen, der Jan auf die Idee gebracht hatte, es bei mir zu versuchen. Ben hatte mich darum gebeten, während seines DJ-Sets mit Jan zu tanzen, angeblich, damit er mal ein bisschen aus sich herauskomme. Viel zu spät merkte ich, dass uns Ben dabei die ganze Zeit mit diebischem Grinsen vom Pult aus beobachtete. Ich kannte das schon. Manchmal brauchte er das: kleine Rollenspiele, in denen es um Eifersucht und

Dominanz ging. Es machte ihn an, wenn ich abends mit anderen flirtete, schließlich war er es, der mich am Ende mit nach Hause nahm. Der Gewinner. Doch an diesem Abend machte er seinen besten Freund zu einem Teil unseres Vorspiels – ohne Rücksicht auf Konsequenzen. Während Jan ständig Blickkontakt zu mir suchte und sich unbeholfen an beiläufigen Berührungen versuchte, geilte sich Ben an seiner Überlegenheit auf und machte mich zu seiner Komplizin. Zwei Dinge wurden mir in dieser Nacht klar: dass Ben ein Arschloch war und dass ich vielleicht mehr als nur Mitleid für Jan empfand. Tatsächlich war es aber Jan, der einige Wochen später den ersten Schritt wagte, auch wenn ich ihn aus Überforderung zunächst ins Leere laufen ließ. Als ich nach etwas Bedenkzeit mit Ben Schluss machte, war das Ganze für ihn bloß ein Witz – für mich aber endlich die Chance auf einen Befreiungsschlag.

Sechs und vier. Drei und fünf. Zwei und drei. Scheißdreck. Wieder hatte ich es nicht geschafft, mich mit einem Pasch aus dem Gefängnis zu würfeln. Obwohl an der Reihe, spielte Insa nicht weiter, sondern schaute zu Martin und holte sich mit seinem Nicken die Erlaubnis zum Nachschlag. Die beiden hatten noch eine weitere Ereigniskarte in petto, um uns auszustechen: »Natürlich ziehe ich mit nach Berlin, gekündigt habe ich schon. Denn jetzt kommt das Beste: Im Mai, zwischen den Jobs, reisen wir mit dem Rucksack durch Thailand!«

»Soso«, warf Martin ein, »das ist also das Beste?«

»Na gut, das Zweitbeste. Wir müssen in Thailand nämlich sparen. Für unsere – jetzt haltet euch fest! – Flitterwochen im Herbst!«

Jan freute sich aufrichtig für sie. »Ihr heiratet! Das sind ja wirklich tolle Neuigkeiten!«

Auch meine Gratulation fiel herzlich aus, für irgendetwas mussten die drei Semester Schauspielkurs schließlich gut gewesen sein. Ich nahm erst Insa, dann Martin in den Arm und bedauerte ein wenig zu aufgesetzt, keinen Sekt im Haus zu haben. Schon bald schaltete ich aber auf Durchzug. Die Anekdote von Martins romantischem Antrag: nicken und lächeln. Die vielen, bestimmt wahnsinnig interessanten Details ihrer Hochzeitsplanung: nicken und lächeln. Der Monolog über die völlige Planlosigkeit ihrer Reise, schließlich sei es – ha, ha – die letzte in Freiheit: nicken und lächeln und unterm Tisch nach Jans Hand suchen. Zuletzt die schamlose Frage, wann es bei uns denn so weit sei: nicken und lächeln und Insa in Gedanken die Beine brechen.

»Ach, entschuldigt die Frage«, stach sie in unser verlegenes Schweigen, »eigentlich seid ihr beide ja schon viel, viel weiter als wir. Manchmal bin ich richtig neidisch. Mit eurem Max habt ihr doch längst den Hauptgewinn gezogen!«

Nicken und lächeln und bitte jetzt bloß nicht anfangen zu weinen. *Herzlichen Glückwunsch, du bist Mutter geworden! Gehe direkt ins Gefängnis und gib alle deine Träume auf. Ziehe von deinen Mitspielern nichts als leere Phrasen und eine Kiste überflüssiger Stofftiere ein.*

Jan nahm sein eben erst von der Bank eingestrichenes Geld und warf es in die Luft. »Macht doch keinen Sinn, jetzt noch weiterzuspielen, oder? Lasst uns feiern gehen!«

Eine Stunde waren sie nun schon weg, und noch immer roch es nach Parfum und kaltem Rauch. Ich machte das

Licht aus und alle Fenster auf, setzte mich mit Babyfon am Ohr aufs Sofa. Max atmete leise und gleichmäßig, hören konnte ich ihn nur bei voller Lautstärke. Es gab nichts mehr zu tun, sogar geduscht und das Bad geputzt hatte ich, ohne mich danach besser oder sauberer zu fühlen. Nichts hatte geholfen: vier Minuten Zähneputzen und nach der Zahnseide gleich noch einmal, um den Blutgeschmack loszuwerden. Hände schrubben, bis die Haut brannte. Die Nägel so kurz schneiden, dass schon das Tippen schmerzte. Nichts davon hatte mir Erleichterung verschafft, auch das Tippen selbst nicht. Meine Bewertung bei Jameda fühlte sich längst schal an, die anschließenden Kommentare als *Werner* auf *Focus Online* waren ebenfalls kaum mehr als halbherzige Pflichtübungen gewesen. Ein schwaches Comeback nach der Sperre, die er sich mit ausfallenden Kommentaren zum *Regretting-Motherhood*-Bekenntnis einer Bestsellerautorin eingehandelt hatte. Manchmal war es einfach nicht genug, bloß Empörung hervorzurufen. Manchmal brauchte ich etwas anderes als Wut. Dann half nur noch Rita.

Auch die hatte vor einigen Wochen ein Comeback nach Maß hingelegt. Mit ihrer Angst vor Datenkraken lag Rita nämlich gar nicht mal so falsch, Facebook vergisst nichts und niemanden. Als ich ihren Account heimlich reaktivierte, war alles sofort wieder da – ihre Beiträge, ihre Bilder, ihre Kontakte. Ich kappte die Verbindung zu Jan und ließ Rita mit einem schockierenden Geständnis zurückkehren: Sie hatte gelogen, oft sogar. All die Einladungen zu Demos, Sitzkreisen und Kaffeekränzchen hatte sie lediglich aus vorgeschobenen Gründen abgelehnt. Denn in

Wahrheit konnte Rita schon lange nicht mehr aus dem Haus. In Wahrheit hatte Rita ALS. Ihre Krankheit verdankte sie niemand Geringerem als Stephen Hawking und einer besonders schlimmen, schlaflosen Nacht, in der ich zur Ablenkung eine Doku über sein Leben schaute – und Rita mit dem Klang seiner monotonen Computerstimme im Ohr erstmals wieder zu Wort kommen ließ. Sie entschuldigte sich für ihren plötzlichen Rückzug und versprach, die Community nun an ihrem Schicksal teilhaben zu lassen. Rita hatte das Versteckspiel satt. Sie wollte sich nicht länger für ihre Krankheit, ihre Schwäche schämen, vielmehr wollte sie anderen in Zukunft ein Beispiel sein, wollte aufklären und inspirieren. Nicht zuletzt hoffte Rita aber auch, Kraft aus dem Zuspruch und der Anteilnahme ihrer Freunde zu schöpfen. Denn darauf war Verlass: Nach einer durchwachten Nacht mit krankem Kind konnten vierzig Likes und siebenundzwanzig aufbauende Kommentare wahre Wunder bewirken. Ritas Freunde waren dankbar und erleichtert, als sie nach Wochen endlich wieder ein Lebenszeichen von sich gab und etwas postete – selbst wenn es bloß Klagen über teure Medikamente oder Schmerzen waren, selbst wenn sie über ihre Angst vorm Sterben schrieb. Sie spendeten Trost, machten Mut, zeigten Verständnis: An manchen Tagen war das verdammtes Gold wert. Die Lebenserwartung bei ALS lag, wenn man nicht zufällig Stephen Hawking hieß, zwischen drei und fünf Jahren; nach dem Versagen ihrer Hände könnte ich Rita vermutlich auch mit einem Stift in der Nase oder den Augenlidern noch posten lassen. Die Resonanz wäre sicher überwältigend, ein wahrer Candystorm.

Scheißegal, wie zynisch das Ganze war, ehrlicher als auf Ritas Profil schrieb ich nirgends. Ihre Stimmung auf Facebook an diesem Abend: betrübt. Ihr neuestes Profilbild war eine verblühte gelbe Nelke, und ihr erster Post seit Tagen lautete: *Was bin ich nur für ein schlechter Mensch! Manchmal glaube ich, dass ich das alles verdient habe …*

Nach drei Minuten die ersten besorgten Kommentare, von Ritas mehr als sechshundert »Freunden« war immer jemand wach. Was denn passiert sei? Und: Sie dürfe nicht so hart zu sich sein, sie sei auch nur ein Mensch und habe nun mal ein schweres Los gezogen. Ich wartete noch drei weitere Postings ab und ließ Rita sich dann endlich erklären. *Wisst ihr, manchmal erkenne ich mich selbst kaum wieder. In letzter Zeit bin ich oft so wütend. Zum Beispiel darüber, dass andere etwas haben, was ich nicht mehr haben kann. Dass ich an meinen Rollstuhl und ans Haus gefesselt bin, während andere frei sind, ihnen die ganze Welt noch offensteht, sie das Leben im Gegensatz zu mir noch vor sich haben. Das ist so ungerecht! Aber dann merke ich, wie fürchterlich und verbiestert es ist, so zu denken. Ich war doch früher nicht so! Neid und Missgunst waren immer das Letzte für mich. Ich schäme mich so für diese Gefühle!! Ich will doch nicht als schlechter Mensch sterben …*

Rita war besser als jeder Beichtstuhl, einer todkranken Frau und Katzenmutter verweigerte niemand die Absolution. Ein Dutzend mitfühlender User versicherte mir in Kommentaren, dass es nur menschlich sei, gelegentlich so zu empfinden, manche betonten sogar, wie sehr sie mich für meine Ehrlichkeit und Fähigkeit zur Selbstreflexion bewunderten. Das Verständnis tat gut. Aber es reichte nicht aus, um die Leere zu füllen, nicht dieses Mal. Ich klappte mein MacBook zu und starrte mit flimmernden Augen ins Dunkel. Horchte am Babyfon ins stille Kinderzimmer. Prüfte Jans Status bei WhatsApp, unverändert seit Stunden. Ich schrieb eine Nachricht an Jule, schickte sie dann aber doch nicht ab; bis auf die obgligatorischen Geburtstagsgratulationen hatten wir praktisch keinen Kontakt mehr, seit ich Mutter war. Kurz spielte ich mit dem Gedanken, mich erneut bei Rita einzuloggen, stattdessen ging ich jedoch ins Kinderzimmer, nahm Max aus dem Bett und legte ihn an. Wie ich Dr. Remmel schon gesagt hatte: Ich stillte nach Bedarf.

Mai 2014

Vom Westen bis in den Rosensteinpark, vorbei an den Eisbären und Kamelen der Wilhelma, vorbei an den freien Papageien in den Bäumen und den Hasen auf der Wiese, den lebensgroßen Plastiksauriern beim Naturkundemuseum. Ich überholte Spaziergänger, langsamere Läufer, Mütter mit Kinderwagen – hinter mir ließ ich aber vor allem den längsten Winter meines Lebens. Es war mein erster Zehn-Kilometer-Lauf seit Max' Geburt, und ich hatte es auf Anhieb in unter einer Stunde geschafft. Alle drei Kilometer nahm ich kurz das Tempo heraus, um wieder zu Atem zu kommen, alle zwei beschleunigte ich, um den Puls in die Höhe zu treiben. Ich hatte meinen Körper wieder unter Kontrolle, und er dankte es mir mit Endorphinen. *Run like it's 2013 again:* Die Playlist versetzte mich direkt in meinen letzten freien Sommer zurück. Ein entgegenkommender Läufer suchte Blickkontakt, und ich tat mir den Gefallen, stellte mir vor, wie er sich gleich danach den Hals verrenken, mir auf den Hintern schauen würde. Der nächste Song war etwas ruhiger, und ich lief langsamer, um mich dem schleppenden Rhythmus anzupassen – und wurde mit einem Mal so euphorisch, dass ich laut lachen musste. Max' gute Laune, Nächte mit mehr als sechs Stunden Schlaf, die ersten Orgasmen seit fast einem Jahr: Es gab viele Gründe, um wieder zufrieden und dankbar zu sein. In den Monaten bis zum Sommer hatten wir uns eingegroovt, endlich als Familie geeicht. Aber was mich wirklich glücklich machte, war meine wiedergewonnene Freiheit. Die Freiheit, an einem Montagvormittag eine Stunde laufen zu gehen und anschließend im Biergarten ein Weizen zu trinken, ein echtes obendrein. Oder die Freiheit, die U2 in Richtung Wohnung wegfahren zu sehen und einfach in der Sonne sitzen zu bleiben.

Erst nach mehr als zwei Stunden kehrte ich zurück und hatte deshalb weder ein schlechtes Gewissen noch schmerzende Brüste. Als ich hereinkam, saßen beide am Tisch, Jan mit zerzausten Haaren und Max mit rot verschmiertem Gesicht, als hätte er mit seinen kleinen Zähnchen, die er momentan in alles, zum Glück aber nicht mehr in mich bohrte, gerade ein Tier gerissen. Er drehte sich im Hochstuhl zu mir um, quiekte laut auf und ruderte vor Begeisterung mit den Armen. Die Freude konnte er genauso wenig für sich behalten wie seinen Mundinhalt. Jan wischte ihm den Nudelbrei vom Latz und rief mit gespielter Erleichterung: »Gott sei Dank!«

Ich küsste Max auf die Stirn, wie ein Pizzarand die einzige Stelle ohne Tomatensoße, und setzte mich zu ihnen. »Hast du dir etwa Sorgen gemacht?«

»Und ob: Die Sophia meiner Träume kam mit Glatze vom Friseur!«

»Sicher nur aus Solidarität, Herr Geheimrat. Du hast wirklich mitgeschlafen?«

»Mir fielen schon beim Singen die Augen zu. Bin vorhin ganz verstört aufgewacht, als er mir im Gesicht herumgefummelt hat.«

Mich rührte die Vorstellung, wie die beiden aneinandergekuschelt in unserem Bett schliefen, Stirn an Stirn und Max' winzige Hände in Jans. Es tat uns allen gut, dass Jan seit dem Abstillen mehr Verantwortung übernehmen konnte, auch wenn er während schlechter Nächte sicher das Gegenteil behaupten würde. Aber ich merkte es ihm an: Dass Max ihn akzeptierte und sich von ihm füttern und ins Bett bringen ließ, stärkte sein Selbstbewusstsein. Seit Tagen hatte ich Jan nicht mehr Nägel kauend ins Leere starren sehen, auch sein Gang wirkte wieder aufrechter als zuletzt. Dass man sich bei der *Stuttgarter Zeitung* für eine »externe Lösung« entschieden hatte, hatte Jan stark zugesetzt. Wochenlang war jede Spannung aus seinem Körper gewichen. Nicht eine Sekunde hatte er daran gezweifelt, nach Martins Weggang übernommen zu werden, deshalb war er erst Stunden nach dem Gespräch mit dem Chefredakteur nach Hause gekommen und aus Scham vor seiner Fahne gleich im Bad verschwunden. Später konnte mir Jan kaum in die Augen sehen, als er mir seine Niederlage beichtete.

Ich griff über den Tisch nach seiner Hand, und wir bestaunten gemeinsam, was wir da zustande gebracht hatten: ein glückliches Baby, das immer mehr zum Kind wurde und – sich unserer ungeteilten Aufmerksamkeit gewiss – genau wusste, was es tat, als es sein Essen auf den Hochstuhltisch spuckte und mit den Fäusten auf die Pampe eindrosch, dass es nur so spritzte.

»Manche Menschen wollen die Welt ganz einfach nur brennen sehen«, sagte Jan kopfschüttelnd und brachte mich damit zum Lachen. Dann schob er etwas zu beiläufig hinterher: »Ach, übrigens habe ich mit Felix aus Heidelberg gesprochen – schöne Grüße!«

Anstatt nachzuhaken, sagte ich nur: »Danke. Grüß ihn zurück, wenn ihr mal wieder sprecht.«

Wir hatten Felix nur ein einziges Mal auf einer Party von Martin getroffen, viel mehr als gelegentliche Likes auf Facebook verband die beiden seither nicht. Dass sie miteinander telefonierten, hörte ich zum ersten Mal.

»Er hoffte, ich könnte ihm einen Ansprechpartner für eine Recherche nennen. Dass ich nicht mehr bei der *Stuttgarter* bin, wusste er noch gar nicht. Und wie's der Zufall so will, suchen sie in Heidelberg gerade einen Redakteur – da hat er mir gleich angeboten, mich ins Spiel zu bringen. Du weißt ja, wie Felix ist!«

Felix war männlich, irgendwo zwischen 1,70 und 1,85, mutmaßlich blond und Biertrinker. Er hatte Hände und Füße, jeweils zwei an der Zahl, und vielleicht sogar einen Nachnamen, ganz sicher aber eine Nase. An mehr erinnerte ich mich nach fünfzehn Minuten Small Talk vor anderthalb Jahren nicht.

»Wie nett«, sagte ich ohne besondere Begeisterung und stand dann auf, um mich an der Wand zu dehnen.

Wenn das Ganze ein Testballon war, hatte ich ihn gerade zum Platzen gebracht. »Ich werde ihm natürlich sagen, dass das keinen Sinn macht«, fügte Jan hinzu. »Jeden Tag zwei Stunden pendeln, dazu noch Veranstaltungen am Wochenende – dann sehe ich euch ja kaum noch. Da kann die Stelle noch so gut sein.«

Mit ausgestrecktem Bein und Gesicht zur Wand konnte ich Jans Gesichtsausdruck nicht sehen. Und wollte es auch nicht. Verarschen konnte ich mich alleine. Wenn er die Stelle nicht wollte, hätte Jan auch gleich absagen können. In Wahrheit hoffte er, dass ich ihn zur Bewerbung ermunterte. Er spekulierte auf meine Absolution, schließlich war ich ja die Vernünftige, die Zielstrebige von uns beiden. Nur: Ich wäre auch diejenige, die sich um Max kümmern müsste, wenn Jan morgens um sechs zur Arbeit führe und abends nie vor acht zurückkäme. Die ihn an Wochenenden andauernd hüten und die nächsten Backenzähne, die nächste Mittelohrentzündung, die nächste Bronchitis alleine ausbaden müsste. In spätestens einem halben Jahr wäre Jan die ständigen Staus und verspäteten Bahnen leid und würde anfangen, von einer kleinen möblierten Pendlerwohnung zu sprechen. Nicht mit mir. Und schon gar nicht jetzt. Anderthalb Monate vor dem Ende meiner Elternzeit hatten wir noch immer keinen Kita-Platz, keinen, den wir uns leisten konnten jedenfalls. Und selbst, wenn wir noch rechtzeitig einen finden würden: Sollte ich Max jeden Tag pünktlich um vier abholen müssen, konnte ich meinen Wiedereinstieg bei Daimler auch gleich bleiben lassen. Natürlich mussten wir die Aufgabe, unser Kind großzuziehen, so fair wie möglich untereinander aufteilen. Aber nach dem letzten Jahr stand mir verdammt noch mal die kleinere Hälfte zu.

Ich ging zu Jan und legte den Arm um seinen Kopf, zog ihn an meinen Bauch heran. »Du wirst schon etwas anderes finden.«

Jan, leise: »Klar.«

Ich bedankte mich fürs Aufpassen, gab Jan einen Kuss und ließ mir, bevor ich duschen ging, auch von Max noch einen beherzten Knutscher aufdrücken; die Tomatensoße tropfte mir beinahe vom Kinn.

Im Gegensatz zu Jan brachte mich mein Anblick im Badspiegel jedoch nicht zum Lachen, auch nicht, als ich die Soße zu einem grotesken Lächeln verschmierte. *Why so serious?* Was ich jetzt brauchte, war, ein paar Minuten die Dusche laufen zu lassen und mich auf dem Klo sitzend ins Netz zu entleeren. Ein bisschen digitales Tourette, nur um dann nach langer Pause endlich wieder als Rita die Beichte ablegen zu können. Aber irgendetwas war passiert, seit ich mich das letzte Mal bei Rita eingeloggt hatte. Ich wunderte mich über etliche neue Likes und Kommentare, über hundertachtundzwanzig Abonnenten mehr und dreiundfünfzig ausstehende Freundschaftsanfragen. Und dann war da dieses Video, das gerade alle mit ihr teilten: ein VfB-Spieler, der sich einen Kübel Eiswasser über den Kopf schüttet. Zum ersten Mal las ich von der *Ice Bucket Challenge* und der plötzlichen, weltweiten Aufmerksamkeit für ALS. Anscheinend war ich da spät dran, Rita war nämlich schon längst mittendrin statt nur dabei. Erst am Vortag hatte jemand ein Spendenkonto für sie eingerichtet.

Juli 2014

Keine anderthalb Monate später musste ich von Rita unerwartet Abschied nehmen, gleich nach Juttas Einzug in die WG mit ihrer Freundin Ulrike. Jans Eltern waren zwar schon seit Jahren getrennt, schufen mit dem *Juxit* aber erst jetzt unumstößliche Fakten. Clemens hatte lange und mit harten Bandagen dagegen angekämpft, ihr Haus nach zweiunddreißig Jahren zu verkaufen: das Finale eines jahrelang schwelenden Rosenkriegs, der mit Juttas plötzlichem Widerstand gegen Stuttgart 21 seinen Anfang genommen hatte.

»Du musst doch eine Haltung dazu haben, sagte ich. Und er kam mir mit Douglas Adams.«

Jutta stieg von der Leiter und schenkte uns beiden Sekt nach. In den Maleranzügen, die sie uns besorgt hatte, sahen wir aus wie Methköchinnen, auf dem Herd köchelte aber lediglich ihr Eintopf – zur Stärkung, wie sie gesagt hatte. Manchmal war die Diskrepanz irritierend: wie jugendlich sich Jutta gab, und wie mütterlich sie trotz allem noch wirkte. Zwei Kinder großzuziehen hinterließ Spuren, die sich auch mit Bob-Dylan-Postern in einer Senioren-WG nicht kaschieren ließen. Sie wollte, dass wir Spaß beim Streichen hatten, darum auch der Sekt, darum die Flips. Ein schwacher Trost dafür, dass ich ihr zuliebe einen meiner letzten freien Tage opferte. Weil wir keinen städtischen Platz bekommen hatten, mussten wir Max in eine teure Privat-Kita schicken, die wir uns nur leisten konnten, wenn ich bei Daimler gleich wieder in Vollzeit einstieg. Es war nur logisch, dass Jan, der als freier Journalist bislang kaum etwas zum Familieneinkommen beitragen konnte, sich nachmittags um Max kümmern würde und einspränge, wenn er krank würde.

»Die Pläne seien schon seit Jahrzehnten bekannt«, zitierte sie Clemens. »Nun sei es zu spät, um noch etwas dagegen zu unternehmen. Wie in diesem Buch. Und da fiel es mir wie Schuppen von den Augen: Wie alt er doch geworden ist, innerlich. Wie träge und satt. Er wollte gar nichts mehr ändern! Er wollte einfach bloß seinen Ruhestand genießen und ungestört vergreisen – nach ihm die Sintflut. Wenn es nach ihm gegangen wäre, säße ich jetzt strickend auf dem Sofa. Könntest du dir das vorstellen?«

Konnte ich nicht. Jutta schien sich, so süß sie mit Max auch war, gegen ihre Rolle als Oma zu sträuben. Sie hätte deutlich mehr für uns tun können, gerade in den ersten Monaten. Aber seit Jan und seine Schwester Tina aus dem Haus waren, wollte Jutta lieber frei sein, mehr Zeit für ihre Bewegung haben. Ich kannte die Proteste, als sie noch groß gewesen waren und nicht bloß aus ein paar Hundert Sturköpfen bestanden hatten, nur aus der Zeitung und von Jans Erzählungen. Die Massendemos auf dem Schlossplatz und im Park, die Camps im Schlossgarten, die an Bäumen geketteten Stofftiere. Der unvermeidliche Boris Palmer und ein Heiner Geißler im siebten Frühling. Geblieben waren bloß schale Witze über Juchtenkäfer und poröse Aufkleber an Laternen und Rucksäcken. Und Menschen wie Jutta.

Sie kratzte sich einen getrockneten Farbklecks von der Stirn und goss uns noch einmal Sekt nach. Zwei Drittel der Flasche hatten wir bereits getrunken. Einen Augenblick lange machte mich die Vorstellung von Clemens' neuem Leben traurig. Während Jutta und ich das WG-Zimmer strichen und uns mit Sekt betranken, räumte er mit Jan das Haus aus, in dem er seinen Lebensabend mit ihr hatte verbringen wollen. Ich drückte die überschüssige Farbe meiner Walze am Sieb aus und rollte sie über die Wand. Das Gelb war leuchtend und frisch. Jedem Anfang wohnt ein Zauber inne – dafür musste aber auch immer etwas anderes enden.

»Warum machst du weiter, nach all den Jahren? Ihr habt die Abstimmung verloren, der neue Bahnhof ist längst im Bau. Glaubst du wirklich, dass ihr noch etwas ausrichten könnt?«

»Weißt du, ich bin mein ganzes Leben lang überstimmt worden. Gegen Clemens kam ich nie an, und dann musste ich ja auch noch für die Kinder da sein. Versteh mich nicht falsch: Wir hatten ein gutes Leben, es war nicht alles schlecht. Aber ich habe mich zurückhalten müssen, immer. Vielleicht sind wir überstimmt worden. Aber deshalb müssen wir ja noch lange nicht verstummen!«

Ich setzte mich auf eine Bücherkiste mitten im Raum. Im Keller standen gut ein Dutzend weitere Kartons herum, zu viele, um ihren Inhalt im kleinen WG-Zimmer unterbringen zu können. Die Wohnung, die sich Jutta mit ihrer zehn Jahre jüngeren S21-Freundin Ulrike teilte, maß gerade einmal sechzig Quadratmeter. »Warum hast du dir nichts für dich alleine gesucht?«

Jutta lächelte. »Ich habe mich für die Freiheit entschieden, nicht fürs Alleinsein. Ulrike ist eine gute Freundin. Wir passen aufeinander auf. Und wir haben Spaß zusammen. Gestern haben wir uns eine Pizza bestellt – wie zwei Studentinnen! Eine eigene Wohnung wäre mir auch zu teuer. Von dem Geld, das ich spare, gebe ich lieber etwas zurück und unterstütze damit die Sache. Und natürlich diejenigen, die für sie kämpfen. Erst gestern habe ich einer von uns geholfen. Eine ganz schlimme Geschichte – da weiß man erst, wie gut man es hat. Eine unserer Mitstreiterinnen hat ALS. Furchtbare Krankheit!«

Ich verschluckte mich am Sekt und war froh, dass ich saß. Jutta sprach von Rita. Meiner Rita! Das war zu nah. Bislang war meine Trollerei für alle unsichtbar gewesen, ein Krebsgeschwür ganz tief in meinen Gedärmen, nun war mein Doppelleben aber auf einmal so offensichtlich wie ein Melanom an der Nase.

Jutta sprach weiter, jedes Wort ein Stich in meinen flauen Magen. »Ich kenne die Frau nicht persönlich, aber Ulrike hat mir von ihrem Leid erzählt. Du würdest nicht glauben, wie sehr die Politik und die Kassen solche Menschen hängen lassen. Für mich sind zweihundert Euro gerade noch so zu verschmerzen, für die Familie dieser Frau können sie aber sicher einen großen Unterschied machen. Sag mal, geht es dir nicht gut?«

Mir war schlecht. Schlecht vor Angst, vor Gewissensbissen. Natürlich war es schon lange kein Spiel mehr, spätestens seit den Spenden. Ich war zu weit gegangen. Und nun so gut wie ertappt. Ich war die Liebhaberin im Kleiderschrank. Die Diebin vor der Überwachungskamera. Das Phantombild bei *Aktenzeichen XY*. Ich schwitzte und fühlte mich im Plastik des Maleranzugs wie in einem Bratschlauch. Ich wollte nur noch raus aus dem stickigen Zimmer, weg von den penetranten Gerüchen nach Kohl und frischer Farbe. Weg von dem Hall, der jedes Wort und das Rascheln unserer Bewegungen umso schärfer in meine Ohren schnitt. Weg von Jutta. »Es ist der Sekt«, murmelte ich. »Ich glaube, das war zu viel.«

Mit einem Mal wieder ganz mütterlich, versuchte Jutta, mich zu einer Schale Eintopf zu überreden, von dem ich vermutlich nicht einen Löffel hinuntergekriegt hätte, ohne aufs Laminat zu kotzen. Sie füllte mir eine Tupperdose für zu Hause ab und entließ mich aus der Pflicht. Die letzte Wand schaffe sie auch alleine – ich solle mich lieber noch eine Stunde hinlegen, bis Max aus der Kita komme.

Keine zehn Minuten nach unserem Gespräch saß ich in der U-Bahn und starrte neun Stationen lang auf mein Handy, ohne aufzusehen. Ich hätte niemandem in die Augen schauen können, ohne mich von ihm ertappt zu fühlen. Verdächtig machte ich mich auch so schon genug: mit wippendem Fuß, Schweiß im Nacken und aneinandergepressten Fingern. Wie hatte ich so dämlich sein können? Selbst Hunde waren schlau genug, nicht dorthin zu scheißen, wo sie schliefen. Jeder hier hätte Rita *kennen* können. Wenn selbst Jutta wusste, wer sie war, ihr sogar Geld gespendet hatte, dann fehlte nur ein einziger, winziger Schritt zu meiner Entlarvung. Sie telefonierte mehrmals die Woche mit Jan. Auch wenn es keine Überschneidungen zwischen Ritas und Jans Kontakten auf Facebook gab, grenzte es fast an ein Wunder, dass er diesem Frankensteinmonster, das ich aus seinem Fake-Account gemacht hatte, bislang nicht auf die Schliche gekommen war. Getrollt hatte ich zuletzt zwar nur noch selten, von Rita hatte ich aber nie ganz lassen können. Zu wohltuend waren die aufbauenden Worte, zu befriedigend der Trost und das Mitleid gewesen, um an schlechten Tagen auf sie zu verzichten. Doch so vorsichtig ich auch geblieben war, mit der *Ice Bucket Challenge* hatte ich die Kontrolle verloren. Spätestens seit den Likes von Ex-VFB-Profi Timo Hildebrand und Smudo war die ganze Sache überhitzt. Aus vierzig Likes wurden vierhundert, aus siebenundzwanzig Kommentaren hundertzwanzig. Und aus der selbstlosen Idee eines Users, Spenden für Rita und ihre Familie zu sammeln, war inzwischen ein Betrag herangewachsen, der mich gleichermaßen um den Schlaf brachte wie zum Träumen verführte. Sie müsse endlich lernen, Hilfe anzunehmen – das war die einhellige Meinung von Ritas Freunden, nachdem sie versucht hatte, die Spendenaktion zu beenden. Dabei wusste ich längst, was zu tun war. Ich hatte es bloß noch nicht übers Herz gebracht.

Zum Glück war Jan noch nicht zu Hause, als ich kam. Ich tötete Rita in Jogginghose auf dem Sofa, alles, was ich dazu brauchte, waren mein MacBook und die richtigen Worte. Eine letzte Statusmeldung, verfasst von ihrem Mann Wolfgang: in tiefer Trauer, aber auch dankbar für all die Menschen, die Rita mit so viel Liebe auf ihrem letzten Weg begleitet hatten – und natürlich für die unglaublichen 11.253 Euro, die durch die vielen kleinen und großen Spenden zusammengekommen waren und schon bald an eine ALS-Stiftung gehen würden. Rita war friedlich im Kreis ihrer Familie eingeschlafen, das Gesicht gelöst und beide Hände am warmen Fell ihrer Katzen. Nur Sekunden später die ersten Beileidsbekundungen, weinenden Smileys, tröstenden Worte – und ein Gefühl der Wärme, das mich sofort in Hochstimmung versetzte.

Als Jan nach Hause kam, sah ich ihm sofort an, wie sehr ihm der Vormittag mit seinem Vater zugesetzt hatte. Er wich meinen Blicken fast verschämt aus, lächelte gequält und künstlich. Es war nicht bloß das Mitleid für seinen Vater; mit ihrer Zukunftsangst hatten beide mehr gemein denn je. Nachdem er etliche Absagen für feste Redakteursstellen erhalten hatte, waren auch seine ersten Gehversuche als freier Journalist ernüchternd gewesen. Zwar gab er sich weiterhin optimistisch, aber es war offensichtlich, wie sehr die Selbstzweifel an ihm nagten. Beim Stand von siebenundfünfzig herzerwärmenden Abschiedsbotschaften loggte ich mich ein letztes Mal bei Rita aus und passte Jan im Flur ab, um ihm an Ort und Stelle einen zu blasen.

Überraschenderweise war es mir nicht schwergefallen, Rita gehen zu lassen. Vielmehr fühlte ich mich erleichtert, gelöst. Vorbei mit der Geheimniskrämerei, vorbei mit der Angst, erwischt zu werden. Ich brauchte sie nicht mehr. Ich hatte das erste Jahr als Mutter überstanden und konnte wieder nach vorne schauen. Es waren nur noch wenige Tage, bis ich wieder arbeiten durfte, und ich konnte es kaum erwarten, endlich beides zu haben: Familie *und* Karriere. Natürlich würden wir das nur zu zweit schaffen. Nachdem ich ihm so lange den Rücken freigehalten hatte, war eines aber klar: Jetzt war auch Jan mal an der Reihe.

7/14

Noch sieben Minuten. Neben der Wanduhr impressionistische Kunst und indirektes Licht hinter konischen Milchglaskegeln, alles in allem eine beruhigende Kulisse, wären da nicht das unregelmäßige Tippgeräusch der Sekretärin und der Stuhl mit der zu knappen Sitzfläche, in dem ich einfach keine würdevolle Position finde, ohne zu viel Druck auf meine Blase auszuüben. So kurz vor dem Vorstellungsgespräch mit dem Chefredakteur pinkeln zu gehen, alleine die Frage nach dem Klo: völlig unprofessionell, ein Zeichen von Nervosität. Und was, wenn ich früher ins Büro gebeten werde? Oder Herrn Mielowitsch mangels Papier mit nassen, kalten Händen begrüßen muss, vielleicht sogar mit Spritzspuren auf Schuhen und Hose? Ich lehne mich zurück und schlage die Beine übereinander. Das ist doch lächerlich. Ich kann kaum noch gerade sitzen, so erweckt man keinen guten Ersteindruck. Die Sekretärin erklärt mir den Weg, einfach den Flur entlang und am Kaffeeautomaten links, ich könne es nicht verfehlen. Bis zur Abbiegung zwinge ich mich, aufrecht zu gehen, eile aber, sobald ich außer Sichtweite bin, affenkrumm und gequält zur Toilette. Am Pissoir atme ich durch, brauche Zeit: Je dringender ich muss, desto länger dauert es, bis es endlich läuft. Nach den ersten Tropfen das Geräusch der Tür und Schritte in meine Richtung, ein Mann stellt sich im toten Winkel ans Nachbarpissoir. Ich sehe nicht hin, höre ihn aber Gürtel und Reißverschluss öffnen, sein Glied herausholen und sofort lospinkeln. Der Urinstrahl am Porzellan klingt zielstrebig und entschlossen, während meiner bloß Rinnsal bleibt, ein trauriges Tröpfeln, das endgültig versiegt, als der Mann sich räuspert und sagt: »Herr Lorenz, nicht wahr?«

Ich schaue zur Seite, es ist Mielowitsch. Fast erliege ich dem Reflex, ihm die Hand zu geben – sie hat bereits gezuckt, blieb dann aber doch am Schwanz. Stattdessen nicke ich und lächle, bedanke mich für die Einladung zum Gespräch.

»Trifft sich ja gut, dass wir uns hier begegnen. Dann kann ich Sie gleich mitnehmen«, sagt der Chefredakteur und drückt noch einmal kräftig auf die Tube.

Und ich? Kann nicht. Nicht unter Zeitdruck und schon gar nicht unter Beobachtung von Mielowitsch. Als der Journalist die Spülung betätigt, simuliere ich ein Abschütteln und ziehe ebenfalls am Hahn, obwohl sich meine Blase anfühlt wie ein Wasserballon im Augenblick des Aufpralls. Das anschließende Gespräch verläuft erwartungsgemäß.

Abends springe ich über meinen Schatten und schreibe eine Bewerbung als freier Journalist an die *taz*, setze dabei, um sicherzugehen, auch Martins Mailadresse in CC. Dann gehe ich laufen, obwohl ich eigentlich noch einige Wochen pausieren sollte – mit Schienbeinentzündungen sei nicht zu spaßen, heißt es in den Läuferforen. Shin splints: eine typische Verletzung von Sportlern, die zu schnell zu viel wollten. Ist sie erst chronisch, wird man sie vielleicht nie wieder los – das orthopädische Äquivalent zu Scheiße am Schuh.

8/14

Surf and Turf, Rinderfilet mit Riesengarnelen. Champagner as-much-as-you-can-drink und zu jedem der vier Gänge ein passender Wein. Sogar in Holz geschnitzte Namensschilder an den Tischen. Martin und Insa haben bei ihrer Hochzeit an nichts gespart. Wie teuer die Feier im Landhotel sein muss, ließen schon die Zimmerpreise erahnen, bei deren Anblick Sophia nicht anders konnte, als dicke Backen zu machen. Mit den Übernachtungskosten war es ja nicht getan, wir mussten schließlich auch Flüge buchen und unseren Freunden einen angemessenen Betrag schenken. Immerhin: Der Hochzeit verdanken wir die erste Nacht ohne Max, weil sich meine Mutter ausnahmsweise mal geopfert hat. Nach mehr als einem Jahr können wir endlich einmal ohne schlechtes Gewissen spät ins Bett und zusammen feiern – zumindest ein bisschen, schließlich wollen wir, so die Absprache, lieber miteinander vögeln als an der Bar versacken.

Ich lehne mich zurück und sehe Sophia beim Tanzen zu. Sie ist ganz bei sich und der Musik, bewegt ihren Körper so selbstbewusst wie lange nicht. Ein neuer Song, *Rebellion (Lies)* von Arcade Fire. Eines ihrer Lieblingslieder. Sophia sucht für eine Sekunde meinen Blick und lächelt. Sie will mich nicht auffordern, sondern, dass ich zusehe. Manchmal kann ich es immer noch nicht fassen, dass sie damals in Berlin mich wollte, nicht Ben. Und dass sich daran anscheinend noch immer nichts geändert hat, trotz allem. Anstatt alleine tanzt sie nun mit Martin, wirft dem Bräutigam aber weniger Blicke zu als mir. Ich kann mir das Grinsen nur schwer verkneifen. Sophia ist so verdammt sexy, wenn sie spielt. Einen Augenblick lang bin ich tatsächlich glücklich. Wir können es also noch: miteinander leicht sein, albern und jung.

Nach dem Lied kommt Martin zu uns an den Tisch, verschwitzt wie ich nach einer Stunde Laufen. »So cool, dass ihr gekommen seid! Habt mir gefehlt, beide. Weißt du, was mein Onkel eben über Sophia gesagt hat? Sie sei ein echter Wildfang. Recht hat er! Wann ziehst du endlich die Schlinge zu?«

»Du kennst doch Sophia, die lässt sich nicht einfangen.«

»Na, solange sie freiwillig bleibt. Hey, ihr zwei müsst unbedingt nach Berlin kommen! Gerade dir hat Stuttgart doch nix zu bieten, für wen kann man da schon schreiben?«

Ich zucke mit den Achseln und habe plötzlich wieder diesen Satz im Kopf: *Die Welt stand uns offen, aber wir haben uns dann doch für Stuttgart entschieden.* Ich weiß nicht mehr, wer von uns ihn zuerst gesagt hat, aber er war irgendwann zu einem festen Bestandteil Sophias und meiner Kennenlerngeschichte geworden, einer einstudierten Pointe, die andere fast immer zum Lachen brachte, bei mir selbst zuletzt aber bloß noch ein schales Gefühl hervorrief. Eigentlich war es mir recht, als Sophia mich nach einem Abendessen mit ihren Kollegen entnervt darum bat, den Satz endlich aus dem Repertoire zu streichen. Allein aus Prinzip beharrte ich aber noch anderthalb Diskussionen lang auf ihm, schließlich war es von Anfang an Sophia gewesen, die die Richtung bei uns vorgegeben hatte. Sie war es, die damals in Berlin nach zwei Wochen Funkstille plötzlich vor meiner Tür stand und mir auch ihrerseits ihre Liebe beichtete. Sie war es, die mich nach ihrem Abschluss vor vollendete Tatsachen stellte, indem sie sich für die Stelle bei Daimler und damit die Medienwüste Stuttgart entschied. Und: Sie hatte sich dafür ausgesprochen, Max trotz allem zu bekommen. Ausgerechnet Sophia musste ich im Telefonat mit ihrer Freundin Jule später aber auch sagen hören, sie sei in Stuttgarts Kessel hängen geblieben wie im Kelch einer fleischfressenden Pflanze. Seitdem bekomme ich dieses Bild nicht mehr aus meinem Kopf: unser gemeinsames Leben, das für Sophia zur Falle geworden ist und sie nun ganz langsam bei lebendigem Leibe verdaut. Denn genau so sah sie im ersten halben Jahr als Mutter oft aus: angefressen und in Auflösung begriffen, der Blick im ständigen Wechsel zwischen Panik und Resignation. Weil sie sich kaum helfen lassen wollte, gab es nicht einen Tag, an dem ich ohne schlechtes Gewissen das Haus verließ. Ganz zu schweigen von den Terminen, auf die ich Sophia zuliebe verzichtet, den Überstunden, die ich im Gegensatz zu Martin nicht gemacht habe. Nun ist aber Sophia diejenige von uns, die in Stuttgart Karriere macht, während ich mich morgens, nachmittags und bei den ständigen Krankheiten um Max kümmere und einfach keinen Fuß in die Tür bekomme.

»Hab ich dir schon Andreas Schultz vorgestellt?«, fragt Martin.

Wie immer, wenn er trinkt, ist er so aufgekratzt wie vergesslich. Mit seinem Kollegen von der *taz* hat er mich schon vor zwei Stunden bekannt gemacht. Ein unangenehmer, zum Glück aber nur kurzer Small Talk: Schultz zeigte mehr Interesse an den servierten Häppchen als an mir und beteiligte sich erst rege am Gespräch, als es um Redaktionsinterna ging, bei denen ich außen vor blieb. Nach peinlichen Minuten, in denen ich mir vorkam wie ein Kind in einer Erwachsenenrunde, suchte ich unter einem Vorwand das Weite.

»Ein ziemlicher Karrierist, oder? Ich weiß nicht, ob ich ihn besonders sympathisch fand.«

»Andreas ist sehr ehrgeizig. Aber er ist auch verdammt gut. Du musst ihn besser kennenlernen. Er und Tanja haben das Zimmer gleich neben eurem, vielleicht sprecht ihr ja noch mal miteinander.«

»Ja. Vielleicht.«

»Weißt du, ich beneide dich ja um deinen Mut, es als Freier durchzuziehen. Du schreibst nur über das, was dich interessiert, kannst auch einfach mal für ein paar Wochen aussetzen – ein Traum! Wenn ich mal Kinder habe, mache ich das auch so. Die perfekte Work-Life-Balance. Über deinen Blogtext letzte Woche habe ich mich übrigens sehr amüsiert, Chapeau!«

Den gönnerischen Tonfall kenne ich noch von früher, wenn Martin sich mal wieder im Vorteil wähnte. Dieser Angeber gibt sich wie Clark Kent, kommt sich aber vor wie Superman. Ein Elastankostüm unter dem gestärkten Hemd wäre auch die einzige Entschuldigung für seinen aufdringlichen Schweißgeruch. Ich bedanke mich lächelnd und hoffe, dass Martin mir nicht ansieht, wie fest ich dabei die Zähne zusammenbeiße. Mein Blogbeitrag ist verglichen mit der Auflage der *taz* natürlich ein Witz, einschließlich Martin und Sophia haben ihn gerade einmal siebenundsechzig Leute gelesen.

»Meld dich ruhig mal bei uns! Wir haben einige Freie, die regelmäßig für uns schreiben.«

»Das habe ich doch schon, zuletzt vor drei Wochen.«

»Wirklich? Das ging komplett an mir vorbei, sorry. Nächstes Mal, wenn du was hast, wendest du dich am besten direkt an mich – dann schaue ich, was ich machen kann. Also nach Australien natürlich, ab Dienstag sind Insa und ich ja erst mal vier Wochen weg.«

Wachablösung: Sophia kehrt von der Tanzfläche zurück, Martin zu Insa. Ihre Wangen sind rot vom Tanzen, und als sie mir einen Kuss gibt, riecht sie nicht mehr nach Parfum, sondern nach sich selbst. Ich liebe ihren süßherben Duft, der mich in schwülen Sommernächten, wenn wir nicht anders konnten, als aneinander zu schwitzen, schon oft in rasende Erregung versetzt hat; diesmal schmecke ich jedoch nur den Hopfen vom IPA, das Martin mir vorhin aufgedrängt hat, und sehne sich nach frischer Luft und Kaugummi. Ich erwidere ihren Zungenkuss pflichtbewusst und unmotiviert, schaue dabei mit offenen Augen auf Sophias gerunzelte Stirn.

»Ist alles in Ordnung?«

»Ja. Nein. Es ist Martin.«

»Du bist neidisch.«

»Du etwa nicht?«

Der Hochzeitsfotograf bleibt bei uns stehen und macht ein Bild, für das Sophia, um mich aufzumuntern, mit Grimasse posiert. Doch obwohl wir das Thema abhaken, werde ich den Eindruck nicht los, Sophia einen Floh ins Ohr gesetzt zu haben. Auch ihre Laune ist nun merklich schlechter. Sie fängt an, über Martins und Insas Hipster-Freunde aus Berlin zu lästern, macht abfällige Bemerkungen über die viel zu pompöse Feier oder regt sich über die lächerlich touristische Route der Hochzeitsreise auf. Selbst ihr Geschenk bereut sie inzwischen. Zusätzlich zum Geld für die Reisekasse hat Sophia ein Album mit Geheimtipps für Australien gebastelt, Filetstücke ihrer einst so heiligen Reisewand, die sie im Winter von einem Tag auf den anderen wortlos verschwinden ließ. Als sich Martin und Insa einmal mehr von den Gästen beklatschen lassen, flüstert sie mir ins Ohr: »So langsam wird's peinlich. Was für Komplexe muss man haben, um sich so in den Mittelpunkt zu stellen?«

Unsere Unzufriedenheit macht uns für eine Weile zu Komplizen, die einander mit sarkastischen Kommentaren überbieten. Als der Brautstrauß geworfen werden soll und Sophia die Chance verpasst, sich rechtzeitig aufs Klo zu verdrücken, bleibe ich mit meinem Frust jedoch allein. Als

Einzige duckt sich Sophia unter dem Bouquet weg und setzt mich damit dem Spott der anderen aus.

»Das war demütigend«, sage ich anschließend.

Sophia, augenrollend: »Was soll ich denn sagen?«

Später im Hotelzimmer ist sie tröstender: Es sei doch kein Drama, liege bestimmt am Alkohol. Dabei weiß sie wahrscheinlich genauso gut wie ich, dass ich an diesem Abend aus ganz anderen Gründen keinen hochkriege. Im Raum nebenan läuft es besser: Andreas Schultz von der *taz* hat jedenfalls keine Potenzprobleme, das Stöhnen seiner Freundin Anja klingt wie eine rückwärts abgespielte Lache in Endlosschleife.

Am nächsten Morgen herrscht Katerstimmung, auch bei Martin. Ob uns etwas Negatives aufgefallen sei? Gleich drei Gäste hätten noch in der letzten Nacht erschreckend schlechte Bewertungen anonym auf TripAdvisor veröffentlicht, es sei die Rede von Schimmel im Bad, zähem Fleisch und Bettwanzen gewesen. Besonders aufgrund des letzten Punktes sei die Hoteldirektion natürlich alarmiert. Sophia beruhigt ihn und sagt lächelnd, bei uns sei alles bestens gewesen. Sie jedenfalls reise hochzufrieden und ohne Jucken ab.

11/14

Wenn ich die Augen nur lange genug offen lasse, reicht das schwache Leuchten der Digitaluhr aus, um das meiste im Schlafzimmer zu erkennen: Sophia neben mir, die dank ihrer zehn Stunden im Büro gleich nach dem Zubettgehen in einen komatösen Schlaf fiel und nun leise neben mir schnarcht; der Stapel meiner Belegexemplare auf dem Schreibtisch, der zwar monatlich anwächst, aber bislang trotzdem zu wenig abgeworfen hat, um auch nur eines der früh besorgten Weihnachtsgeschenke in den Tüten auf der Kommode zu bezahlen; die sündhaft teure Flasche Aberlour, die ich, lediglich mit einem kurzen Gruß versehen, von Martin per Post zum Geburtstag bekam. Es ist 2:24 Uhr, in spätestens vier Stunden wird Max wach sein. Ich steige aus dem Bett, nehme die Flasche Whisky aus dem Regal und schleiche mich ins Wohnzimmer, um fernzusehen; nach zwei, drei

Gläsern kann ich vielleicht einschlafen. Die Weltraumdokumentation auf *Phoenix*, die mich anfangs noch beruhigt, empfinde ich jedoch bald als kosmischen Witz auf meine Kosten. Es ist von *Braunen Zwergen* die Rede, gescheiterten Sternen, deren Leuchten zu schwach ist, um am Nachthimmel entdeckt zu werden. Sie waren nicht stark genug, um zu Sonnen zu werden: entweder, weil sie zu wenig Materie zur Verfügung hatten, oder, weil in ihrer Nähe andere, größere Sterne entstanden, die ihnen die Gase wegschnappten.

Ich zappe mich schläfrig durch die Kanäle, bleibe bei einem MDR-Beitrag über die rechten Montagsdemos in Dresden hängen; kamen anfangs gerade mal dreihundertfünfzig *besorgte Bürger* zum Spaziergang, waren es fünf Wochen später schon fast zehnmal so viele. Offenbar braut sich da etwas zusammen, genau wie damals bei Stuttgart 21. Mit einem Mal bin ich hellwach. Ich schenke mir noch etwas Aberlour nach und suche auf Facebook nach der dazugehörigen Gruppe, *Patriotische Europäer gegen die Islamisierung des Abendlandes*. Eines ist mir sofort klar: Mit meinem echten Namen kann ich ihr auf keinen Fall beitreten.

12/14

Weihnachten in Wilhelmshaven, Zwangsurlaub. Die Stimmung ist seit dem ersten Tag im Keller. Nur Max ist bestens aufgelegt und genießt es, von seinen Großeltern so maßlos verwöhnt zu werden, dass er vor lauter Schokolade und Keksen zu den Hauptmahlzeiten kaum isst; seine Trotzanfälle am Tisch werden natürlich Sophias und meiner nachlässigen Erziehung zugeschrieben. Antoine zeigt, wie man es besser macht: Anstatt ihn für seine ersten Worte und Sätze zu loben, korrigiert er sie lieber und bringt Sophia damit zur Weißglut. Auch das Fest der Liebe ruft allenfalls Hass hervor. Seiner Tochter schenkt Antoine ein Buddelschiff namens Sophia, das Beiboot an der Seite heißt natürlich Max. Und ich? Bekomme eine symbolische Rettungsweste in Form eines Buches: *Trump – Nicht kleckern, klotzen! Der Wegweiser zum Erfolg*. Denn, so Antoine:

»Wenn man etwas erreichen will, muss man sich an den Großen orientieren.«

Immerhin: keines dieser verdammten Buddelschiffe, die im Haus allgegenwärtig sind und selbst im Badezimmer die Borten zieren. Seit er in Rente ist, bringt Antoine ganze Tage damit zu, in Kleinstarbeit Masten, Takelage und Segel anzufertigen und sie mit genau bemessenen Fäden, manchmal sogar Haaren, in den Flaschen aufzurichten. Antoine ist ein Perfektionist. Als ich ihm aus einem Sylturlaub einmal ein völlig überteuertes Buddelschiff mitbrachte, legte er mir in einem halbstündigen Expertenvortrag dar, weshalb mein Geschenk die Arbeit eines Dilettanten ist. In seiner wie immer entwaffnenden Freundlichkeit, die ohnehin sanfte Stimme vom charmanten Akzent noch weiter abgeschliffen, merkte er nicht einmal, wie herablassend er sich benahm. Seine Höflichkeit hat nichts mit Respekt zu tun. Antoine ist zwar mild im Umgang, aber scharf im Urteil. Kein Wunder, dass ich mich in seiner Gegenwart oft wie in einem flauschigen Wollpullover fühle, der an meiner Haut kratzt und mich viel zu schnell zum Schwitzen bringt. Als ich im Frühjahr arbeitslos wurde, lud mich Antoine einmal in sein Arbeitszimmer ein und zeigte mir das Schiff, an dem er gerade baute, die Nachbildung einer Kogge aus dem vierzehnten Jahrhundert. Antoine nahm sich viel Zeit, um mir die einzelnen Arbeitsschritte zu erklären, und verwies immer wieder auf die Präzision und Akribie, die nötig waren, damit sich das Schiff am Ende aufrichtete. »Vorbereitung ist alles, verstehst du? Man muss alles durchdenken, jeden einzelnen Schritt im Voraus planen. Das ist bei allem im Leben so. Sogar Claire weiß das

– achte mal darauf, wenn sie für uns kocht. Mise en place, das ist der Schlüssel. Wenn man etwas schaffen will, muss alles, was man dazu braucht, an Ort und Stelle sein. Darum haben wir Sophia zum Beispiel erst bekommen, als wir uns das leisten konnten.« Dann lenkte er meine Aufmerksamkeit wieder lächelnd auf ein historisches Detail am Rumpf, als hätte er mich nicht vor wenigen Sekunden noch mit Lebensweisheiten erniedrigt.

Selbst an Heiligabend sind Sophia und ich nicht vor seinem Urteil sicher. Schon seit unserer Ankunft kritisiert er bei jeder Gelegenheit durch die Blume, dass wir ständig auf unser Handy starren. Ich weiß, dass Sophias Behauptung, arbeiten zu müssen, gelogen ist. Vermutlich sucht sie bloß Ablenkung. Ich dagegen habe wirklich einiges zu tun, selbst nach der Bescherung. Markus Schneider, mein Facebook-Alter-Ego, durfte gerade wieder zwei privaten Diskussionsgruppen beitreten, von denen ich bislang nichts gewusst hatte. Was ich dank meines Fake-Accounts seit Wochen zu sehen bekomme, übertrifft meine Erwartungen – und Befürchtungen – um Längen. Die geschlossenen Gruppen der Neuen Rechten sind eine bizarre Parallelwelt voller Lügen und verzerrter Weltbilder, ein Musterbeispiel für kognitive Dissonanz. Anfangs folgte ich als Markus Schneider bloß den üblichen Verdächtigen aus dem Dunstkreis der AfD. Um meinem Profil Glaubwürdigkeit zu verleihen, teilte ich regelmäßig Artikel rechter Medien, schrieb lobende Kommentare zu Talkshow-Auftritten von Sarrazin auf Senderseiten oder empfahl Bücher, die vor der Islamisierung Deutschlands warnten. Weil das rechte Netzwerk auf einem aggressiven Expansionskurs ist, fand ich überraschend schnell »gleichgesinnte« Freunde. Allein ihre öffentlichen Beitragskommentare sind schon erschreckend genug, um erahnen zu können, was in den Köpfen derjenigen vorgeht, die sich seit einigen Wochen in Dresden und anderswo versammeln. Gegenüber dem, was in den anonymen Gruppen geschrieben wird, sind sie aber beinahe harmlos – dort wird Tacheles geredet. Über Reichsbürger und andere Aluhutträger hatte ich mich bislang vortrefflich amüsieren können. Die gewaltbereiten und stumpfsinnigen Glatzköpfe in der ostdeutschen Provinz dagegen sind zwar gefährlich, aber auch leicht zu identifizieren – ein Nischenphänomen ohne politische Kraft. Aber die Menschen in diesen Gruppen? Das sind oft ganz normale Leute. Arbeitslose und Angestellte, Hausfrauen und Rentner, Akademiker und Beamte. Und genau über diese Menschen möchte ich schreiben: über ihre Normalität und die Gefahr, die von dieser ausgeht. Über die Echokammern, in denen sie einander gegenseitig ihr Weltbild bestätigen, sich hochschaukeln und extremisieren. Und über die Strippenzieher im Hintergrund, die anscheinend nur darauf gewartet haben, ihre Ideen endlich auf die Straße zu bringen und die Grenzen des Sagbaren immer weiter nach rechts zu verschieben.

Als Sophia Max ins Bett bringt, schenkt Antoine uns im Wohnzimmer zwei Gläser Cognac ein. Ich bin jedoch abgelenkt. Soeben hat Lutz Bachmann endlich meine Freundschaftsanfrage bestätigt, ich scrolle mich sofort durch seine private Timeline und like mehrere seiner Beträge. Antoine nimmt sich derweil einen Bildband über Modellbau zur

Hand und blättert darin, ohne wirklich hineinzusehen. Nach seinem entnervten Schnalzen versuche ich, mich ihm zu erklären.

»Ich recherchiere für einen Artikel über die Neuen Rechten. Du weißt schon, Pegida und so. Es ist wirklich erschreckend, was diese angeblich bloß besorgten Bürger auf Facebook schreiben, wenn sie unter sich sind – als hätten sie noch nie ein Geschichtsbuch in der Hand gehabt. Ein bisschen ist es auch ein Selbstversuch: Was macht es aus mir, wenn ich auf Facebook nichts anderes mehr zu Gesicht bekomme als die Meinung dieser Leute, ihren Rassismus, ihre Wut?«

Antoine legt das Buch zurück auf den Tisch und nippt an seinem Glas. »Und wer bezahlt dich dafür?«

»In deren Augen? Die CIA!«, lache ich und füge, weil Antoine sich nicht einmal ein Schmunzeln abringen konnte, hinzu: »Wenn ich den Artikel fertig habe, werde ich ihn Tageszeitungen und Magazinen anbieten.«

»Findest du es nicht problematisch, umsonst zu arbeiten? Du hast keine Garantie, dass er veröffentlicht wird. Das scheint mir kein tragfähiges Modell zu sein. Im Gegenteil: Wer sich unter Wert verkauft, schadet damit automatisch dem ganzen Berufsstand. Genau wie mit diesem Internettagebuch, das du da schreibst. Zeit ist Geld. In Anbetracht eurer Situation ein ganz schön teures Hobby, oder?«

Ich lege meine Hände ineinander und antworte, während ich meine Zehennägel in den Teppich bohre, ganz ruhig: »Das ist meine Arbeit.«

»Also meine Definition von Arbeit ist eine andere, tut mir leid. Solange dich niemand dafür bezahlt, ist es nichts weiter als ein Hobby.«

Ich fixiere das Buddelschiff im Regal, das ich so gerne an der Tischkante, besser noch an Antoines Schädel zerschmettern würde. Der Mast wäre lang genug, um ihm die Ohren zu durchbohren. Eigentlich müsste ich mich zurückhalten. Sophia und ich schulden Antoine noch über dreitausend Euro. Trotzdem sage ich: »Deine Spielzeugboote, das ist ein Hobby.«

»Und wo ist der Unterschied? Ich erwarte nicht, dass mich jemand dafür bezahlt. Es gibt genügend gute Modellbauer auf der Welt, auf mich hat niemand gewartet. Aber ich weiß das. Solange mir niemand den Auftrag gibt, eines zu bauen, mache ich es einzig und allein für mich. Und so lange ist es auch ein Hobby.«

»Die Arbeitswelt ist nun mal im Wandel, Antoine. Abgesehen davon habe ich gute Chancen, den Artikel in der *taz* unterzubringen. Sehr gute sogar.«

»Na, das passt ja wie die Faust aufs Auge«, lächelt Antoine selbstgerecht und nimmt wieder das Buch vom Tisch, beendet einfach das Gespräch.

Früher hätte ich es einfach auf sich beruhen lassen. Ich hätte mein Glas ausgetrunken und mir noch ein-, zweimal nachgeschenkt, bis mein Blutdruck wieder gesunken wäre. In letzter Zeit kann ich das nicht mehr: die Dinge einfach hinunterschlucken. Ich habe es satt, mich länger erniedrigen zu lassen. Also schenke ich mir nach und schalte auf Angriff: »Na los, sprich's aus!«

Antoine sieht nicht von seinem Buch auf. »Ich glaube nicht, dass du das hören willst.«

»Ich bin Freizeitjournalist, schon vergessen? Es ist mein Hobby, den Menschen zuzuhören.«

»Deinen Sarkasmus kannst du dir sparen, Jan«, sagt Antoine in ungewohnter Schärfe und lehnt sich vor. »Die *taz* ist nun mal ein Musterbeispiel für das, was in den Medien falsch läuft. Guter Journalismus ist objektiv und ausgewogen, nicht diese rot-grüne Meinungsmache, die hierzulande veröffentlicht wird. Diese Menschen, die da in Dresden auf die Straße gehen – haben die nicht ein Recht darauf, dass ihre Sorgen ernst genommen werden? Ist es wirklich fair, ihnen die Stimme zu verwehren, nur weil das, was sie zu sagen haben, nicht in den linken Mainstream passt? Wer bist du, dass du von oben herab über sie urteilst und sie als Nazis abstempelst? Die meisten von denen haben ihr Leben lang hart gearbeitet, sie fühlen sich von der Politik vernachlässigt und von der Gesellschaft abgehängt – und zwar nicht zu Unrecht. Auf Menschen, die ganz unten sind, tritt man nicht ein. Man reicht ihnen die Hand und hört ihnen zu.«

Für Antoine ist die Diskussion damit beendet. Ohne mir die Chance auf Erwiderung zu geben, steht er auf und geht aus dem Zimmer, das letzte Wort fällt im Türrahmen: »Leiste erst einmal etwas, bevor du dich über andere stellst, Jan.«

Als er zwanzig Minuten später zurück ins Wohnzimmer kommt, in dem inzwischen auch Sophia und Claire wieder Platz genommen haben, ist das WLAN ausgeschaltet. Und Sophia auf hundertachtzig.

***

Die Plastikflasche knallt gegen den Schrank und prallt von ihm ab, landet wieder direkt vor meinen Füßen. Gut so, ich habe noch lange nicht genug. Darum hebe ich sie auf und schlage sie so hart an die Tischkante, dass sie mir aus der Hand schleudert; obwohl halb leer, schäumt die Colaflasche bis zum Deckel und zischt, als könne sie jederzeit explodieren. »Arschloch!«, brülle ich und trete die Flasche durchs Zimmer. »So ein verdammtes Arschloch!«

Es war alles gut, bis ich Martin anrief. Den großen *taz*-Redakteur. Diesen schwitzenden, unkollegialen Karrieristen, den ich für einen Freund gehalten habe. Was für eine Fehleinschätzung! Aber Martin macht den größeren Fehler. Spätestens, wenn meine Reportage in der *Süddeutschen*, der *Zeit* oder im *Spiegel* erschienen ist, wird er sich in den Arsch beißen. Dieser Wichser!

Ausgerechnet Antoine hat mich auf die Idee gebracht, mit den Menschen zu reden, anstatt bloß über sie zu schreiben – und zwar nicht mit den Hardlinern, sondern mit den Gemäßigten, den Mitläufern. Denen, für die man trotz allem noch Empathie aufbringen kann. Geschrieben haben über Pegida schon viele, eine überzeugende Binnensicht las ich allerdings noch nirgends. Mit der Lügenpresse spricht man schließlich nicht. Aber Markus Schneider, dem öffnet man sich gerne. Den lädt man sogar zu sich nach Hause ein. Ich freue mich auf Hartmut. In den Nachrichten auf Facebook ist er höflich und nett, seine Kommentare in den Gruppen lesen sich dagegen oft ganz anders. Hartmut ist wütend und tatsächlich besorgt. Aber er ist kein Rassist, sondern einer, der sich allzu leicht beeinflussen lässt und darum empfänglich für die einfachen Antworten von Populisten ist. Sobald Sophia sich freinehmen kann, werde ich ihn gemeinsam mit seinen Freunden beim Spaziergang begleiten. Und Martin? Will davon nichts wissen: »Spar dir das Geld und die Zeit.

Das ist der falsche Ansatz. Verständnis für Nazis? So was kriege ich bei uns nicht unter. Das knallt auch einfach nicht genug. Sorry, Jan.«

Als ich mich etwas beruhigt habe, nehme ich die Flasche vom Boden und stelle sie zurück auf den Tisch. Der Schraubverschluss ist klebrig vom Colaschaum; bis zur Explosion hat offenbar nicht viel gefehlt. Keine Minute später klingelt das Telefon, anstelle von Martin, der es sich anders überlegt hat, ist es jedoch ein Anruf aus der Kita: Max müsse leider abgeholt werden, er habe gespuckt. Und Sophia? Kommt nicht vor halb acht.

Januar 2015

Feierabend am Montag, das S-Bahn-Gleis als erstes Basiscamp. In den Blicken konnte man die Erschöpfung sehen im Angesicht des Berges, beim Gedanken an den Aufstieg. Noch vier Tage bis zum Gipfel und dort bloß Aussicht auf den nächsten. Wir steckten unsere Fahnen in vorgestanzte Löcher, während zu Hause die wahren Pionierleistungen erbracht wurden: erste Schritte. Erste Worte. Erste Fragen nach uns. Seufzen, das in kalter Januarluft kondensierte. Müde Stimmen am Handy, dass es mal wieder später geworden sei – noch im Dunkeln aus dem Haus, erst im Dunkeln wieder zurück, und das schon seit Monaten. Wut, die in Scham umschlug. Ich hatte Kathrin zum Weinen gebracht. Sie hatte zwei meiner Termine vertauscht, ihr dritter Fehler in dieser Woche. Sie sprach vom Ende ihrer Beziehung, ich von ihrer Unfähigkeit, Privates von Beruflichem zu trennen.

»Nimm dir ein Beispiel an mir«, hatte ich gesagt. Was für ein kluger Rat: ein leuchtendes Beispiel, das innerlich längst verglühte.

Einfahrt S1, *bitte lassen Sie aussteigen, bevor Sie einsteigen*. Im Abteil die tägliche Zumutung an Gerüchen, zu viel Nähe und Lärm. Stehen bis zum Hauptbahnhof und Plastikschlaufen, die sich in Hände schnüren. Ein unsichtbares Fadenspiel aus einander ausweichenden Blicken, schüchternen Flirtversuchen und innigen Gesprächen. Kinderwagen, die Platz raubten und mir den Atem. Ich erstickte am Glück anderer Mütter. Mütter, die von Ausflügen zurückkehrten oder von Treffen mit ihren Freundinnen. Mütter, die wahrscheinlich alles hatten, was auch ich hatte – Erinnerungen an Dammriss und durchwachte Nächte, Schwangerschaftsstreifen wie Reifenprofile, Momente zwischen purer Freude und Verzweiflung, aber eben auch das eine, was mir fehlte: Zeit.

Eine Frau in Windjacke ermahnte flüsternd ihren Sohn, die scharfen Zischlaute trafen mich jedoch mehr als ihn. »Miro, jetzt stier bitte die Frau nicht so an. Du siehst doch, dass sie das nicht mag.« Ich schämte mich dafür, wie verbittert und unfreundlich ich wirken musste, während ich sie in Wahrheit bloß beneidete. Mein Lächeln, das ich Miro schenkte, galt in erster Linie ihr, fand aber bei keinem von beiden Beachtung. Nächster Halt: Schwabstraße. Auf dem Fußweg schrieb ich Kathrin eine SMS und entschuldigte mich für meine harsche Reaktion. Wenn es ihr schlecht ginge, könne sie sich gerne ein paar Tage freinehmen. Dann lief ich nach Hause, so schnell ich auf hohen Schuhen konnte, jedes Klacken auf dem Asphalt ein Augenblick mehr, den ich mit meinem Sohn verpasste.

Natürlich sah ich es. Die Indizien waren viel zu offensichtlich. Ein perfektes Verbrechen wurde von langer Hand geplant, hier waren jedoch eindeutig auch kurze Fingerchen im Spiel gewesen. Das Bücherregal wirkte aufgeräumt, die Buchrücken in den zwei unteren Borten waren allerdings so bunt zusammengewürfelt wie die Tasten eines Glockenspiels. Keine Brotkrümel auf dem Tisch, dafür aber umso mehr auf dem Boden darunter, außerdem Spuren von Wachsfarbe im Holz und ein gewischter Hochstuhl mit Nudelresten in den Ritzen. Legosteine in der Duplobox und umgekehrt. Eine Küche mit glänzendem Ceranfeld und Fettschlieren an den Kacheln. Der Windeleimer war geleert, im Kinderzimmer roch es aber noch nach Hochstapelei. Ich ahnte das Chaos, das hier vor einer halben Stunde noch geherrscht haben musste, lobte aber mit gespielter Überraschung, wie sauber und ordentlich die Wohnung doch sei. Der Großputz am Wochenende würde wie immer an mir hängen bleiben, während Jan – endlich, wie er stets betonte – ein paar Stunden Zeit für sich beanspruchte. Ausgerechnet er, der zu Hause arbeitete. Auch ihn durchschaute ich sofort: Er sagte zwar, dass sie gemeinsam eine schöne Zeit verbracht hätten, sah aber aus wie ein Fernfahrer nach einem halben Tag im Stau. Nur Max konnte sich nicht verstellen. Er wich mir nicht mehr von der Seite und konnte seine Freude über meine Heimkehr kaum im Zaum halten. Es schien ihm wieder besser zu gehen. »Was sagt die Temperatur?«

»Ging heute nie über 37,6«, sagte Jan. »Die Nase läuft noch, aber wann tut sie das mal nicht? Gut gegessen hat er auch. Ich denke, morgen kann er wieder zur Kita.«

Kaum war Jan aus dem Raum, um mir das Feld zu überlassen, nahm ich Max auf den Arm und legte ihm die Hand auf die Stirn. Er fühlte sich nicht heiß an. Natürlich wollte ich Jan glauben, zugleich wusste ich aber auch, wie sehr es ihn belastete, wenn er Max auch am Vormittag betreuen musste. Der Druck, der sich seit dem unglücklichen Ende seines Volontariats aufgestaut hatte, machte sich dann ganz besonders bemerkbar. Schon ein leises Hüsteln oder eine laufende Nase am Abend brachten ihn an den Rand der Verzweiflung. Ich verstand das. Der Versuch, mit einem anderthalbjährigen Kind daheim zu arbeiten, war so aussichtslos wie Schlaf mit einer Mücke im Zelt. Und dann war da noch die Sache mit Dresden. Seit Wochen hing Jan mir in den Ohren damit, er wolle sich unbedingt unter diese Pegida-Leute mischen, um eine große Reportage über sie zu schreiben. Zweimal hatte ich die dafür nötigen Urlaubstage verschieben müssen, ein drittes Mal würde er mir das nicht verzeihen – irgendwann sei das Thema medial schließlich abgegrast, klagte er, wann immer ich es nicht hören wollte.

Mein Magen knurrte, für mehr als einen Apfel und drei Kekse hatte es heute nicht gereicht. Auch jetzt waren meine Prioritäten andere. Die halbe Stunde, bevor Max ins Bett musste, gehörte allein uns. Ganz gleich, wie müde ich war, diese Zeit war mir heilig. Den ganzen Tag musste ich den Ton angeben, einen Plan haben. Umso entspannender war es für mich, einfach bloß Max' Launen zu folgen. Er wollte Bücher angucken? Gern. Nach nur zwei Seiten aufspringen und auf wackeligen Beinen durchs Wohnzimmer sprinten? Nur zu! Noch kurz vorm Schlafengehen das Spielzimmer verwüsten? Alles, was du willst! Anders als am Wochenende, wenn Zeit und Kraft für Strenge reichten, ließ ich ihm abends zu viel durchgehen; ein Fehler, über den Jan und ich uns nicht selten in die Haare kriegten. Natürlich hatte er recht, die Alternative hatte ich allerdings selbst erlebt: Mein Vater war nie da gewesen, und wenn er es mal war, dann hatte ich zu funktionieren. Mit Mary Poppins konnte ich es vielleicht nicht ganz aufnehmen, zumindest wollte ich aber mehr für Max sein als bloß eine strenge Teilzeit-Gouvernante.

Max kniete vor der Wickelkommode inmitten eines Wäschebergs, auf dem Kopf eine Windel als Mütze. Nachdem er den Schrank fast vollständig ausgeräumt hatte, versuchte er, sich einen Pullover als Hose anzuziehen, und bekam tatsächlich ein Beinchen durch den Ärmel. Er freute sich erst, war dann aber umso frustrierter über das stecken gebliebene zweite. Ich zog es durch den Halsausschnitt und ließ ihn durchs Zimmer stolzieren, obwohl er über den anderen Ärmel hätte stolpern können. Was er dann auch tat. Er fiel aufs Knie und brüllte gleich los.

Natürlich kam Jan gerade jetzt herein. Er musterte das Chaos, ohne es anzusprechen, und deutete auf die Sandmännchenuhr an der Wand. »Es ist langsam Zeit.«

»Ich bin mir gar nicht so sicher, ob er schon müde ist«, sagte ich. Mein Code für Spielverderber.

»Es ist gleich acht, eingeschlafen ist er frühestens um halb neun. Ich würde ihn gerne morgen pünktlich abliefern. Iss du was, ich bringe ihn ins Bett.«

»Lass nur, ich mach das.«

»Bist du sicher? Aber denk dran: ohne Hand. Hat heute Mittag wieder ewig gedauert – aber es ging.«

Zehn Minuten, eine Windel und einen Trotzanfall später waren Max und ich wieder allein. Der dunkle Raum war eine Wohltat für meine überanstrengten Augen. Meinen Ohren blieb die Pause nicht vergönnt. Max goutierte meinen Gesang wie ein hysterischer Justin-Bieber-Fan: mit Geschrei. Wir gewöhnten ihm gerade ab, nur Händchen haltend einschlafen zu können. Das hieß, wir versuchten es. Elmo war jedenfalls kein würdiger Ersatz, das Kuscheltier flog im hohen Bogen hinaus. Ich hielt die strenge Linie einige Minuten lang durch und beugte mich dann doch wieder übers Bett, um ihm die Hand zu geben. Hunger stach Geduld. Max wurde sofort still und begleitete meine Lieder mit zufriedenem Schnullerschmatzen. Ich dagegen hielt es schon nach zwei Minuten kaum noch aus. Mein am Gitter abgeklemmter Arm schlief ein, und der Nacken war nach den vielen Stunden am Schreibtisch so überspannt wie ein Keilriemen kurz vorm Riss. Ich änderte sechsmal die Position, ehe Max um Viertel vor neun endlich eingeschlafen war.

Auf dem Sofa sah Jan zufrieden von seinem MacBook auf. »Siehst du? Mit etwas Geduld klappt es!«

»Ja. Ich denke, wir haben ihn fast so weit.«

Er hatte mir den Tisch gedeckt. Wurst und Käse waren zwar in Plastik statt auf Tellern angerichtet, aber immerhin stand eine Teekanne auf dem Stövchen und am Rand lagen Paprikaschnitze. Ich schmierte mein Brot nur langsam und ließ Jan Zeit, sich zu mir zu setzen, wartete aber vergebens. Er recherchierte auf Facebook wieder im Umfeld der *besorgten Bürger*, das hatte ihm sicher schon den ganzen Tag unter den Nägeln gebrannt. Wahrscheinlich würde er noch am

Rechner sitzen, wenn ich längst zu Bett gegangen war. Ich bewunderte ihn für seine Hartnäckigkeit, für seinen Umgang mit Rückschlägen. Jan stand immer wieder auf – und lief dann immer wieder gegen dieselbe Wand. Das war leider die Kehrseite des Ganzen.

Ich aß das Brot gelangweilt und schnell, hatte trotz Hunger keine Lust auf ein zweites. Stattdessen bohrte ich einen Finger in den Laib, kratzte etwas Teig hinaus und rollte ihn mit der flachen Hand zu einer Kugel. Eine Zeit lang hatte Max sein Brot nur so essen wollen: als Brotbonbon. Ein Tipp aus einem Mütterforum, mein Dank war allerdings ein vergifteter gewesen: *Im Brotbonbon versteckt, kriege ich mein Mäuschen endlich dazu, abends die halbe Schlaftablette zu schlucken – du bist ein Goldschatz!!1!*

Ich steckte mir die Kugel in den Mund und schmeckte Handschweiß. Beim Durchsehen der Post verging mir endgültig der Appetit: nichts als Rechnungen, dabei knabberten wir noch immer an der letzten Autoreparatur. Ein Neues konnten wir uns nicht leisten, und das bei meinem Gehalt. Unsere Wohnung, die Nebenkosten, Max' Kita – alles war in den letzten Monaten teurer geworden.

Nachdem ich den Tisch abgeräumt hatte, setzte ich mich zu Jan aufs Sofa, gerade rechtzeitig für den Showdown bei eBay. Zwölf Minuten vor Schluss stand meine Auktion bei etwas über hundert Euro. Einundfünfzig Beobachter, neunzehn Gebote und eine sichere Verliererin. Meine Spiegelreflexkamera wegzugeben hätte ich mir noch vor anderthalb Jahren niemals vorstellen können. Sie war das Erste gewesen, das ich mir für den Traum einer Weltreise gekauft hatte. Nun würde ihr jemand anderes die große, weite Welt zeigen müssen. Oder seine Katzen. Aber Jans Kamera war besser als meine, und zwei waren eine zu viel. Es war vernünftig. Erwachsen. Zum Kotzen.

Noch elf Minuten und kein neues Gebot. Zehn. Ich hatte natürlich einen Zweitaccount, hochzubieten wäre ein Leichtes gewesen. Aber eben auch riskant.

Ich suchte bei Google nach dem Neupreis der Kamera, noch immer um die fünfhundert Euro. Meine war so gut wie neu, benutzt hatte ich sie zuletzt vor drei Jahren in Spanien, während Jans und meiner ersten gemeinsamen Reise. Seit der Schwangerschaft hatten wir es nicht mehr weiter als bis zu meinen Eltern nach Wilhelmshaven geschafft. Am rechten Bildschirmrand blinkten Anzeigen von Reiseveranstaltern, Fluggesellschaften, Tourismusbehörden auf. *Visit Malaysia. Come and fly with me. Fernweh? Nix wie weg!* Google verhöhnte mich für meine letzten Suchanfragen. *Big Brother* war längst Realität geworden. Und ein ziemliches Arschloch.

127,46 Euro als neues Höchstgebot, neun Minuten Laufzeit. Das war zu wenig. Allein die Werkstatt fürs Auto hatte mich fast zwei Tausender gekostet – Geld, das mein Vater locker übrig hatte. Allerdings schuldeten wir ihm ohnehin noch einen ganzen Batzen seit dem Unfall in Granada, auch wenn er seit Max' Geburt kein einziges Wort mehr darüber verloren hatte. Genau wie wir – aus Angst, dass er die dreitausend Euro vielleicht doch noch einfordern würde, wenn wir sie zur Sprache brächten.

Damals waren wir verliebt und voller Übermut gewesen, wir fühlten uns so unbesiegbar wie Super Mario auf Pilz und Stern. Unser Urlaub in Spanien und ganz besonders der Roadtrip über Cádiz, Sevilla, Córdoba und Granada war vielleicht die unbeschwerteste Zeit meines Lebens. Die Straßen in Andalusien wurden so schnell gebaut, dass unser veraltetes Navi uns gleich mehrmals in die Wüste schicken wollte. Jan und ich fanden das symbolisch: Wir waren eben Pioniere. Die Studentenstadt Granada war als Abschluss perfekt. Egal, wohin wir gingen, zum Bier gab es immer Tapas für lau. Also landeten wir statt im Restaurant in der Calle Navas, einer Fressgasse, in der eine Tapasbar neben der nächsten lag, und tranken uns in der kulinarischen Hierarchie nach oben. Mit jedem kleinen Bier wurden die Gratistapas interessanter, hochwertiger, raffinierter. Es war so lange spannend, bis wir das Pärchen am Nachbartisch bemerkten. Sie waren verliebt wie wir, uns aber um zwei Biere voraus – und verdarben uns deshalb jedes Mal die Überraschung auf den nächsten Gang. Die Chorizo auf geröstetem Brot, die Albondigas im Glas, der Serrano mit Manchego: Am Spoilertisch nebenan wurde alles stets ein paar Minuten früher serviert. Also beschlossen wir, es mit ihnen aufzunehmen und tranken, obwohl auch die jungen Spanier einen ziemlichen Zug drauf hatten, unsere Biere so schnell wir konnten. Am Ende waren wir sturzbetrunken und überfressen, hatten das andere Paar jedoch uneinholbar überrundet: Nach zehn kleinen Bieren waren wir wieder am Anfang der Menüfolge. Berauscht vom Alkohol und uns selbst gingen wir stundenlang tanzen und hatten noch mehrmals Sex, bevor wir uns um fünf Uhr nachts endlich schlafen legten. Am nächsten Morgen mussten wir bereits um zehn auschecken, trotzdem blieben wir bis elf im Zimmer und ließen uns Zeit für ein ausgiebiges Frühstück, ehe wir losfuhren und Jan unseren Mietwagen noch innerhalb der Stadtgrenze zu Schrott fuhr.

Meinem Vater erzählten wir, dass ich am Steuer gesessen hätte – gegenüber Jan wäre er ganz sicher nicht so großzügig gewesen. Allein die Vorstellung, ihn nun erneut um Hilfe zu bitten, war nur schwer zu ertragen. Nach einer gewohnt überheblichen Belehrung würde er nach einem Plan verlangen, wie wir unsere finanzielle Situation mittelfristig zu ändern gedächten. Wir hatten keinen Plan. Wir hatten eine Wette auf unsere Zukunft abgeschlossen und warteten darauf, dass Jan endlich das richtige Los zog. Sobald er sich erst als Selbstständiger etabliert hätte, könne er theoretisch überall arbeiten, auch auf Reisen: So versuchte er, mir seine Ambitionen schmackhaft zu machen. Trotzdem diskutierten wir oft über das Für und Wider seiner Strategie. Ständig stand ihm sein Stolz im Weg: Für Wochenendschichten als Aushilfe bei der *Stuttgarter Zeitung* war er sich nach der Absage im letzten Jahr zu schade. Lieber pitchte er drei Langstrecken, die niemand veröffentlichte, als mit billigen PR-Texten gutes Geld zu verdienen. Eher verschwendete er einen guten Text an seinen Blog, als Aufträge anzunehmen, bei denen er sich unter Wert verkauft fühlte. Wir stritten oft über seinen Starrsinn, mangelnden Ehrgeiz konnte ich ihm jedoch nicht vorwerfen – in seine Pegida-Reportage investierte er nun schon seit Wochen Arbeit, ohne überhaupt einen Auftraggeber zu haben. Und ich wollte ja an ihn glauben. Meinetwegen war Jan nach Stuttgart gezogen, obwohl er anderswo leichter eine Stelle gefunden hätte. Meinetwegen war er Vater geworden und verbrachte nun weitaus mehr Zeit mit Max als ich. Dank ihm konnte ich dagegen Karriere machen. Nur, dass ich es jetzt auch musste.

Im Babyfon heulte es auf. »Papaaaaaa!«

Ich wollte zu Max gehen, aber Jan ließ mich nicht. Er tippte noch seine Zeile zu Ende und stand dann selbst auf. »Mach du endlich Feierabend. Er hat eh nach mir gerufen.«

Ein Leberhaken, unbeabsichtigt. Ich presste einen Dank heraus und starrte auf den Bildschirm: noch fünf Minuten, keine Veränderungen. Wenn nicht bald etwas passierte, verkaufte ich meine Träume weit unter Wert. Scheiß doch der Hund drauf: Ich loggte mich in meinen Zweitaccount ein und gab ein vorsichtiges Gebot ab, trieb den Preis auf hundertzweiundachtzig Euro, ohne selbst Höchstbietende zu sein. Zumindest ein Schritt in die richtige Richtung.

»Was ist denn, kleine Raupe? Papa ist ja da.« Ich schaltete das Babyfon leise. *Snoopy82* klang harmlos, aber mein Zweitprofil bei eBay bot ein Bild des Grauens. Sechsundfünfzig Prozent positive Bewertungen, und das waren bloß User gewesen, die mich in ihrer Naivität zuerst bewertet hatten. Meine eigenen Bewertungen waren ausschließlich negativ, zum Teil mit geradezu hanebüchenen Begründungen. Die Opfer? Meist Anfänger. Diejenigen, deren Schnitt man noch mit einer einzelnen Auktion nach unten drücken konnte. Ich las einige meiner Kommentare und konnte mir ein Grinsen nicht verkneifen. Fun fact: Diebische Freude und Scham schlossen einander nicht aus.

Ein neues Gebot, gerade einmal fünf Euro mehr. Es war alles so lächerlich. Auf dem PayPal-Konto, das mit *Snoopy82* verknüpft war, ruhten noch immer die 11.253 Euro für Rita

– und das war nur das größere Konto. Die Spenden hatten nach ihrem »Tod« schließlich nicht gleich aufgehört, viele User wollten ihrer Familie auch die Beerdigungskosten noch abnehmen und sammelten weitere 6.585 Euro. Es wäre so leicht gewesen. Ich hätte es einfach verprassen, mir auszahlen lassen oder auf mein eigenes Konto übertragen können. Niemand vermisste dieses Geld. Und wenn es niemand vermisste, dann war es auch kein Diebstahl. Wie weit kam man mit knapp achtzehntausend Euro? Weit genug, so viel war sicher. Aber das Geld stand mir nicht zu. Diese unsichtbare Grenze wagte ich nicht zu überschreiten, auch wenn ich mich zugleich nicht dazu überwinden konnte, mich von ihm zu trennen. Zum ersten Mal seit Monaten öffnete ich Ritas Profil bei Facebook. Las noch einmal ihren letzten Eintrag im Sommer. Sah mir die traurigen Kommentare an, die Beileidsbekundungen für ihre Familie, die Eiskübelvideos. Noch immer kamen Menschen auf die Seite, um Ritas aussichtslosen Kampf gegen ALS nachzulesen, noch immer drückten manche ihr Mitgefühl aus. Sie trauerten um Rita. Und ich hatte sie auf dem Gewissen.

Die Auktion lief in weniger als einer Minute aus und dümpelte bei knapp zweihundert Euro herum. Neben mir leuchteten die Lämpchen im stummen Babyfon auf wie ein übersteuertes Mixtape in der Stereoanlage, Max hatte sich in Rage geschrien. Nach mir rief er nicht. Noch siebenundzwanzig Sekunden beim Stand von 211,77 Euro, so billig kamen die mir nicht davon. Ich gab ein neues Gebot ab. Dreihundert Euro für eine fast neuwertige Kamera – das war doch nicht zu viel verlangt? Dann starrte ich mit brennenden Augen auf den Countdown: drei … zwei … eins …

meins. Endstand: 289,44 Euro. *Herzlichen Glückwunsch! Sie haben sich soeben selbst getrollt.*

Februar 2015

Jan und ich saßen beide mit MacBook auf der Couch, zwischen uns das Babyfon und Schweigen. Das Sofa war seit Mitte Januar so ziemlich das Einzige, was uns miteinander verband, sobald Max im Bett war. Und dass wir, ohne es vom anderen zu wissen, beide auf ihr beschimpft wurden. Schlampe nannten sie mich, *attention whore* und Lügenbitch. Andere bettelten in PNs um Details zu Justin Biebers Schwanzgröße und feierten mich für die Behauptung, ihm backstage einen geblasen zu haben. Zwischen beiden Fronten gab es so schnell *Beef*, dass ich mich einfach bloß zurücklehnen und zuschauen musste. Fanforen waren wie Sitcoms, nur das Gelächter aus der Konserve musste ich mir dazudenken. Jan hatte ich dagegen schon seit Wochen nicht mehr lachen hören, nicht einmal mit Max. Selbst wenn er ihn ins Bett brachte, konnte ich ihn durchs Babyfon seufzen hören. Niedergeschlagen war er im letzten Jahr oft gewesen. Nach Absagen und schlechten Bewerbungsgesprächen hatte ich ihn mehr als einmal abwesend und mutlos erlebt, bei abgelehnten Texten manchmal sogar wütend. Aber diesmal war es anders, extremer – und das ausgerechnet jetzt, nach seinem größten Erfolg. *Am Kipppunkt*, Jans Undercover-Reportage über Pegida, war regelrecht durch die Decke gegangen und binnen weniger Tage tausendfach geteilt worden. Endlich war er mal zur richtigen Zeit am richtigen Ort gewesen und hatte das Momentum auf seiner Seite. Weil er nach seiner Rückkehr aus Dresden die halbe Nacht durchgeschrieben und den Text, anstatt ihn wie ursprünglich geplant Zeitungen und Magazinen anzubieten, gleich am nächsten Morgen auf seinem Blog veröffentlicht hatte, war er der erste, der ausführlich über die Ausschreitungen auf der Montagsdemo schrieb. Noch am Vormittag ging *Am Kipppunkt* viral, bereits am Nachmittag klopfte die *Süddeutsche* an, um sich die Abdruckrechte für ihr Magazin zu sichern. Der Erfolg schien Jan jedoch von Tag zu Tag mehr über den Kopf zu wachsen. Mit jedem Like, jedem geteilten Artikel wirkte er nervöser. Er ging mir aus dem Weg und sah mir kaum noch in die Augen, agierte, sobald er sich in die Enge getrieben fühlte, panisch und aggressiv. Ständig ging er laufen und riskierte Verletzungen, weil er seinem Körper keine Pausen gönnte, sich weder in Sachen Tempo noch Strecke schonte. Überhaupt äußerte sich das, was ihn belastete, vor allem körperlich. Nachts war er so unruhig, dass auch ich darunter litt. Stöhnend und zähneknirschend wälzte er sich umher, stellte sich aber schlafend, sobald ich mit ihm sprach. Andauernd seufzte er, allerdings nicht als theatralische Geste, sondern weil ihm ansonsten schier die Luft wegblieb. Und dann war da noch die Sache mit den Händen: Immerzu bohrte er sich seine Nägel in die Haut, presste die Finger ineinander, klemmte seine Daumen in die Fäuste. Als wüsste er nicht, wohin mit seinem Druck. Einmal kam ich vom Klo zurück und glaubte, Jan ganz entspannt auf dem Sofa sitzen zu sehen – bis ich den Zahnabdruck im Handrücken entdeckte, eingestanzt wie von einem Kronkorken. Er hatte so fest zugebissen, dass die Spuren auf seiner Haut erst nach einer halben Stunde wieder verschwanden. Wenn ich ihn fragte, wie es ihm ging, oder ihm sagte, dass ich mir Sorgen um ihn machte, dann spielte er alles bloß herunter, sprach von normalem Stress oder einmal sogar ganz dreist von Einbildung und Projektion. Wütender als die Tatsache, dass er sich mir gegenüber nicht öffnete, machten mich nur die Lügen.

So auch an diesem Abend: »Wie war denn das Laufen heute? Du kamst ja erst im Dunkeln zurück.«

Ohne seinen Blick vom Bildschirm abzuwenden, sagte Jan bloß beiläufig: »Ach, ich wollte mal neue Reize setzen und habe die Kräherwaldstrecke andersrum probiert. War dann aber viel anstrengender als ich dachte.«

»Komisch, bei Endomondo wird nichts angezeigt.«

»Ich hab das Handy zu Hause gelassen, um mal nur auf meinen Körper statt auf die Zeiten zu achten.«

Als Schauspieler war Jan sogar noch eine größere Niete als ich. Laufen zu gehen, ohne mit der App seine Zeit und die Strecke aufzuzeichnen, noch dazu ohne Musik oder Notfalltelefon – niemals. Das Erste, was Jan nach jedem Lauf tat, war, seine Werte zu vergleichen. Um sich zu motivieren, brauchte er messbare Fortschritte und Erfolgserlebnisse. Wegen des Schrittzählers ging er ohne Handy nicht einmal zum Briefkasten. Trotzdem hatte ich ihn vorhin verschwitzt heimkommen sehen, das Gesicht rot vor Kälte und Anstrengung. Dass er gelogen hatte, war klar. Nur: in welchem Punkt? Und warum überhaupt? Ich hatte keine Theorie, keinen Verdacht, was mit ihm los war – zumindest nichts, was ich nicht innerhalb kürzester Zeit wieder verwarf. Es ergab alles keinen Sinn: dass er keine Freude, keinen Stolz über seinen Erfolg empfand. Dass er Interviewanfragen selbst großer Medien ablehnte, weil der Text, wie Jan behauptete, am besten für sich selber sprechen solle. Dass er dem Thema, wann immer ich es anriss, stets so schnell wie möglich auswich. Hatte er abgeschrieben oder sonst wie getrickst und befürchtete nun, aufzufliegen? Dafür hatte er im Vorfeld zu viel Arbeit investiert. Und warum hätte er es dann so eilig haben sollen, den Text zu veröffentlichen? Täglich wurden meine Gedankenspiele kruder. Eine Affäre? So selten, wie wir miteinander schliefen, seit ich wieder arbeitete, hätte er durchaus ein Motiv gehabt – und obendrein fast täglich die Gelegenheit. Aber auch wenn Jan sich zuletzt so irre verhielt wie mit Syphilis im Endstadium: Traute ich ihm das wirklich zu? Oder war er stattdessen etwa an den Ausschreitungen auf der Demo beteiligt gewesen? Eine absurde Vorstellung: Im Guten wie im Schlechten war Jan so ziemlich die harmloseste Person, die ich kannte. Ein Opfer.

Plötzlich ein Geistesblitz. Genauso verhielt er sich momentan: wie ein Opfer. Sein Blick erinnerte mich an den eines gehänselten Schuljungen beim Gong. Auf einmal hatte ich eine Idee, was da auf dem Pausenhof vor sich gehen mochte. Zwei, drei Tage war es her, seit ich es gesehen hatte: eine Handvoll hasserfüllter Kommentare auf Jans Blog, ganz klar das Werk von Trollen. Weil sie nur wenig später wieder gelöscht worden waren, hatte ich mir nicht viel dabei gedacht; dass ihn ein paar Arschlöcher beschimpfen würden, war angesichts des Themas von *Am Kipppunkt* zu erwarten gewesen – und für mich keine große Sache. Für Anfeindungen von rechts brauchte man nicht mehr als einen Tweet oder einen Nachrichtenkommentar mit Haltung. Jan aber hatte gleich eine ganze Langstrecke über die braune Filterblase rund um Pegida geschrieben und sich dafür anonym unter die *besorgten Bürger* gemischt. Ein Shitstorm würde alles erklären – auch, dass es Jan umso schlechter ging, je erfolgreicher sein Text wurde.

Ich rief seinen Blog auf, der Artikel war jedoch inzwischen für Kommentare gesperrt. In den sozialen Netzwerken musste ich dagegen nicht lange suchen. Gleich unterm jüngsten Beitrag auf seiner Facebook-Seite warf ihm jemand Gesinnungsnazitum vor. Es war nur ein einzelner, fast harmloser Kommentar, der kaum, dass ich die Seite aktualisiert hatte, schon wieder verschwunden war. Keine zehn Sekunden später folgte aber bereits der nächste – *Du gehörst an die Wand gestellt!* –, nur um gleich wieder von Jan gelöscht zu werden. War es das, was er seit Wochen ständig an Laptop und Handy machte? Etwas geschrieben hatte er, soweit ich wusste, seit *Am Kipppunkt* jedenfalls nicht. Ich loggte mich bei einem meiner Accounts ein, um ihn auf die Probe zu stellen. Und brachte es fast nicht übers Herz. Im letzten Jahr hatte ich so einige Grenzen überschritten, doch es war immer bloß ein Spiel gewesen, kaum folgenreicher als Morde in einem Ego-Shooter. Nie war mir das Trollen schwergefallen, nie hatte ich dabei ein schlechtes Gewissen gehabt. Die Scham und der Selbsthass kamen immer erst später. Wie das schale Gefühl eines Fremdgängers nach dem Sex. Oder der brennende Rachen einer Bulimikerin nach dem Kotzen. Zum ersten Mal war da aber ein innerer Widerstand. Ich schrieb einen Kommentar unter den Beitrag und starrte fast eine Minute auf den Cursor, sah dann aus dem Augenwinkel hinüber zu Jan. Dem Vater meines Kindes. Meinem Lebensgefährten. *Wir beobachten dich, du Opfer.* Enter. Jans Reaktion war subtil, aber deutlich. Er schloss die Augenlider etwas länger als normal, zwei Sekunden vielleicht. Holte so tief Luft, dass sich sein Brustkorb hob, allerdings so langsam und still, dass ich es, ohne ihn zu beobachten, nie bemerkt hätte. Drückte den Daumennagel fest genug in seinen Zeigefinger, um beim Löschen meines Kommentars einen Abdruck zu hinterlassen. Mir wurde schlecht. Jan aber gab sich gefasst, fraß wie eine Stopfente alles in sich hinein. In Wahrheit kam er mit der Entgiftung nicht mehr nach und war längst krank von all dem Hass, mit dem er die ganze Zeit gemästet wurde. Ich spürte seine Ohnmacht, seine Verzweiflung. Die wollten ihn kleinkriegen. Und schafften es. Sie waren anders als ich. Aggressiver, bösartiger. Rechte Trolle suchten gezielt nach einem Opfer und gaben nicht eher Ruhe, bis es am Boden lag. Das hatte ich bislang erst einmal gemacht, nämlich bei Agnes. Aus Gründen. Anders als ich waren die Rechten aber ohnehin nicht auf Wut aus. Sondern auf Angst. Mit dem Anarchismus von Old-School-Trollen hatte das nichts mehr zu tun. Die da hatten eine Agenda, waren organisiert. Selbst unter ihrem Klarnamen schreckten manche vor nichts mehr zurück – wie mutierte Vampire, die sich ins Tageslicht wagten. Vor allem aber trugen sie ihren Hass, ihre Wut aus dem Netz immer weiter ins echte Leben hinein. Genau so war es bei mir: Das Trollen hatte sich längst wie ein Tumor in meine Seele gefressen und streute nun immer mehr Metastasen im Alltag. Ich wurde schnippisch und streitlustig, suchte ständig nach einem Anlass, um meinem Ärger Luft zu machen. Ein unfreundlicher Kellner, der schon beim Anblick des Kinderwagens mit den Augen rollte, bekam demonstrative zwei Cent Trinkgeld und einen Stern bei TripAdvisor. Und eine Mutter, die ihr garantiert ansteckendes Reizhustengör in die Kita brachte, riskierte einen geklauten Kinderschuh, der drei Straßen weiter in der Regenrinne landete. Noch garstiger wurde ich nur, wenn man mir mein Ventil verwehrte. Als mein Vater an Heiligabend das WLAN ausstellte, damit Jan und ich endlich die Finger von unseren Handys ließen, provozierte ich den größten Familienstreit, den wir je hatten. Dabei hatte ich nicht mal einen besonders guten Grund gehabt, sondern nur kein Netz. Ich wusste längst, dass ich das mit dem Trollen dringend lassen musste, fürchtete zugleich aber viel zu sehr den Verlust meines Ventils.

Ihr Gutmenschen seit doch erst zufrieden, wenn es keine Weinachtsmärkte mehr gibt und unsere Frauen Burkas tragen! Verpißt euch doch nach Afganistan ihr V O L K S V E R R Ä T E R – und nemmt diese ganzen Ziegenficker gleich mit!!1

Jan löschte meinen Kommentar so regungslos, als würde er am Fließband Zahnpastatuben zuschrauben. Hass im Akkord, für ihn offenbar wirklich längst Alltag. Spätestens heute Nacht würde ich die verzögerte Wirkung an ihm beobachten können. Sein Herumwälzen und Schwitzen, das Stöhnen und Seufzen, die knirschenden Zähne. Ich widerte mich an für das, was ich ihm antat, während wir friedlich nebeneinander auf dem Sofa saßen. Jan stand auf, ging in die Küche und kam mit zwei Bieren zurück, seines in der Flasche, meines, weil ich es so lieber trank, im Glas. Er schenkte mir ein Lächeln und ich ihm einen neuen Kommentar: *Du kommst auf die Liste für später, du Systemjournalist! #lügenpresse* Mir war speiübel, schlimmer fast als damals in der Schwangerschaft. Aber ich musste das tun. Wenn ich wirklich aufhören wollte, dann musste ich mir die Konsequenzen vor Augen führen. Dann brauchte ich nichts weniger als einen digitalen Exorzismus – frei nach der Allen-Carr-Methode. Die Anweisung des Nichtraucherpapstes, beim Lesen seines Buchs bis zur letzten Seite weiterzurauchen, machte auch fürs Trollen Sinn. Ich musste ganz bewusst weitermachen, musste das Gift und den wachsenden Selbstekel nicht nur schmecken, sondern geradezu auskosten. Bei meinem ersten Entzug hatte ich am letzten Abend so viele Zigaretten am Stück geraucht, bis ich kotzen musste. Erst Max zuliebe hatte ich es nach etlichen Versuchen geschafft, ganz aufzuhören. Für Jan konnte ich mich nun hoffentlich auch vom Trollen trennen. Seinen Shitstorm konnte ich ihm zwar nicht abnehmen. Anstatt eine weitere Salve auf ihn abzufeuern, hinterließ ich aber wenigstens noch einen freundlicheren Kommentar. *Ein großartiger Text, vielen Dank für deinen Mut! Lass dich von den Arschlöchern bloß nicht unterkriegen. Im Gegenteil: Sei stolz auf dich, du gehörst zu den Guten!* Ich hoffte, etwas Erleichterung in Jans Gesicht zu entdecken, eine Spur von Genugtuung oder neuem Mut. Stattdessen löschte er den Kommentar genau wie alle anderen. Diesmal war ich es, die seufzte. Ich nahm Jans Hand, drückte einmal fest zu und sagte ihm, dass ich ihn liebe.

2/15

Alles schmerzt, besonders meine Lunge. Bei minus acht Grad fühle ich mich wie ein Schwertschlucker mit Eiszapfen im Hals. *Ab nach Sibirien mit dir, du Linksterrorist!* Meine Oberschenkel brennen schon seit drei Kilometern, das Ziehen in den Schienbeinen ist dagegen längst zur Gewohnheit geworden. Kein Ruhetag seit einer Woche, ohne Laufen kriege ich den Kopf einfach nicht mehr frei. Um noch einschlafen zu können, müssen es mindestens zehn Kilometer sein, muss ich bis an meine Grenzen gehen. *Rötestraße 42, da wohnt das Schwein! Die Dildos für deinen Arsch stehen schon bereit!* Jeden Tag werden die Läufe länger, die Strecken anspruchsvoller, die Belastungen größer. Meine Stammstrecke laufe ich diesmal verkehrt herum, immer weiter aufwärts den Kessel hinauf. Vom Schlossgarten in den Rosensteinpark, dann bergauf durch den Höhenpark

Killesberg und schließlich in den Kräherwald Richtung Botnang. *Schön da, wo du wohnst – bin gestern erst vorbeigefahren! Also an deiner Stelle würde ich nachts ja kein Auge mehr zukriegen. Tausch lieber mal die Batterien deines Rauchmelders aus …*

Es dämmert bereits, ohne Handy muss ich mich beeilen. Was für eine paranoide Scheiße: Seit dem Screenshot der Laufstrecke aus meinem öffentlichen Endomondo-Profil traue ich mich nicht mehr, mit GPS-Erfassung laufen zu gehen. Nach der Anstrengung von neun Kilometern aufwärts könnten sie mich wie ein waidwundes Tier durch den Wald jagen, bis ich tot umfallen würde. *Deine Lügen haben dich ja ganz schön weit gebracht – aber nächstes Mal im Kräherwald ist Endstation, dann treten wir deine Lügenfresse zu Brei und verscharren dich direkt am Tatort!* Es ist so still im Wald, dass ich nur mein Keuchen und die Schritte höre. Weil der weiche Grund den Schall verschluckt, laufe ich irgendwann lieber im knautschigen Schnee am Wegrand. Ich bin völlig außer Atem, kann aber mitten im Nirgendwo so spät nicht mehr das Tempo rausnehmen, geschweige denn stehen bleiben. Es hilft nichts: Ich muss mich jetzt durchbeißen, Willen beweisen. Die schneebehangenen Bäume biegen sich an den Ästen durch, beugen sich über mich wie Riesen. Sie fressen das letzte Licht des Tages und speien es in Schatten auf den Weg. Ich weiche einer Wurzel aus und trete auf einen Ast, höre das Knacken eines brechenden Armes. Plötzlich kann ich nicht mehr anders, als auf der Stelle stehen zu bleiben und vor Erschöpfung und Entsetzen in den Schnee zu kotzen. *Du hast ja gesehen, was wir mit Typen wie dir machen – Dresden zeigt, wie's geht!*

***

Anschließend ein Abend wie jeder andere seit der Veröffentlichung meiner Reportage: Ich lasse alles über mich ergehen und versuche, zu Hause Normalität vorzuspielen. Selbst beim *Sandmännchen* schauen mit Max komme ich nicht zur Ruhe. Auf dem Handy beobachte ich nebenbei die explodierende Blogstatistik, während sich die Erdmännchenpuppen mal wieder auf die Suche nach einem nächtlichen Geräusch machen; irgendwo zischt es. Ich kraule Max den Kopf und lese den neuesten Kommentar: *Einen wie dich hätte man früher in die Kammer geschickt! Pass lieber auf, Freundchen – der Wind dreht sich nämlich! Riechst du schon das Gas?*

Als Sophia Max ins Bett bringt, arbeite ich meine Mails ab, darunter eine explizite Morddrohung und eine Interview-Anfrage von der *FAZ*. Ich lösche alle beide und wünschte, ich hätte mich von meiner verdammten Eitelkeit nicht dazu hinreißen lassen, der *Süddeutschen* zuzusagen. Oder dazu, diesen Artikel überhaupt erst zu schreiben. Es nicht zu tun, wäre allerdings keine Alternative gewesen – wie hätte ich das Sophia erklären sollen?

In der nächsten Mail ist ein Foto von einem kleinen Jungen angehängt: Seine Augen sind verdreht, im blutüberströmten Gesicht sticht ihr Weiß umso stärker hervor. Im unnatürlich weit geöffneten Mund fehlen mehrere Zähne. *Ist das die bunte Multi-Kulti-Bereicherung, die ihr euch so herbeisehnt? Macht nur weiter – dann könnte das bald dein Kind sein!* Ich schiebe auch diese Mail in den Papierkorb und muss mich beherrschen, nicht auf der Stelle zu kotzen.

Das Zusammenreißen wird nicht leichter, als sich Sophia neben mich aufs Sofa setzt und ich so tun muss, als würde ich für einen Artikel recherchieren. *Wir beobachten dich, du Opfer.* Natürlich ist an Arbeiten nicht zu denken, solange ich bloß mit Löschen beschäftigt bin. Und solange ich diesen einen Kommentar fürchte, der anders sein wird. Den einen Kommentar, der mich entlarven könnte. *Auch du kommst auf die Liste für später, du Systemjournalist!* Irgendwann nimmt Sophia meine Hand und sagt mir, dass sie mich liebt. Sie hat keine Ahnung, was los ist – und wie sehr ich sie brauche. Alleine könnte ich das nicht durchstehen, niemals.

Schlimmer als die Beschimpfungen wirkt nur ein *News Alert* von Google. In einer Regionalzeitung ist vom Vorfall in Dresden die Rede, *Am Kipppunkt* wird am Rande erwähnt: *Manche spürten früh, dass die Stimmung an diesem Abend kippen könnte. Auch Blogger Jan Lorenz schrieb darüber, wie er beinahe entlarvt wurde und gerade noch rechtzeitig das Weite suchte.*

Dass nun aber ausgerechnet auch Martin meine Reportage geteilt hat, ist die größte Katastrophe von allen. Mit jedem Retweet, jedem Like, jeder Anfeindung wird meine Angst aufzufliegen, größer. Anders, als es im Text steht, war ich schließlich da, als es passierte. Zudem habe ich weit mehr getan, als bloß ein paar Namen zu verfremden oder verräterische Details zu ändern; stattdessen krümmt sich in meinem Artikel die Wahrheit über den Zwischenfall in Dresden wie Licht um ein schwarzes Loch:

> Die ursprüngliche Idee hinter dieser Reportage war es, mit den Gemäßigten, den Mitläufern ins

Gespräch zu kommen, mit einfachen Menschen, die bei Pegida zwar ein Zeichen gegen »die da oben« setzen wollen, aber dennoch zu Unrecht als rechte Rassisten abgestempelt werden. Ich wollte ihren Frust, ihre Sorgen, ihre Wut verstehen – und warum sie es in Kauf nehmen, sich für ihren Protest mit der Sache geistiger Brandstifter gemein zu machen. Als ich Wolfgang endlich persönlich kennenlerne, muss ich jedoch schnell feststellen, dass er längst in Flammen steht. In unserem Mail-Verkehr im Dezember nahm ich ihn als aufrichtig besorgt und verunsichert wahr, inzwischen ist er aber bloß noch eines: zornig. Nur wenige Wochen in der Pegida-Filterblase reichten offenbar aus, um ihn zu radikalisieren. Vor Kurzem stellte er die Dinge noch infrage. Nun kennt er bloß noch klare Antworten: Ausländer? Sollen raus. Merkel? Muss weg. Journalisten? Gehören an die Wand. Wie ernst es ihm und den *besorgten Bürgern* mit dem letzten Punkt ist, wird sich zu meinem Entsetzen nur wenige Stunden später beim Spaziergang durch Dresden zeigen.

***

In Wahrheit saß ich nach meiner Ankunft in Dresden einem gebrochenen Mann gegenüber, der bereits mit Ende vierzig aussieht wie sechzig. Seit einem Betriebsunfall vor vier Jahren ist Hartmut arbeitslos und seit zweien geschieden; seine Kinder lassen sich mit den Enkeln nur noch blicken, wenn sie etwas von ihm wollen. Auch sonst notierte ich mir in Gedanken ein Klischee nach dem anderen: den unvermeidlichen Kacheltisch mit Drehdeckelaschenbecher in der Mitte. Den sauren Filterkaffee ohne Aroma und das bestickte Katzenkissen auf dem Sofa. Die vergilbten Gardinen am Fenster und die Rabattmarken am Kühlschrank. Aber Hartmut ist in Ordnung, er empfing mich herzlich wie einen alten Freund und freute sich ehrlich über meine Gesellschaft.

»Warst du schon mal in Dresden?«

»Leider nicht«, sagte ich und kippte vorsichtshalber gleich zwei Dosen Kondensmilch in meinen Kaffee. »Aber mir haben alle immer vorgeschwärmt, wie schön die Stadt ist.«

»Ich kann dich morgen gerne etwas herumführen, wenn du möchtest.«

»Gerne. Aber ich will dir auf keinen Fall zur Last fallen.«

Hartmut winkte ab und lächelte etwas gequält. »Das Einzige, von dem ich genug, eigentlich fast zu viel habe, ist Zeit.«

Kurz entstand eine unangenehme Schweigepause. Mein Blick fiel auf das Bücherregal, hauptsächlich Krimis und Thriller, aber auch einige Klassiker und Sachbücher waren darin alphabetisch sortiert; Schlimmeres als Sarrazin entdeckte ich nicht, obwohl ich vermutete, dass die meisten Bücher im Regal ohnehin von Hartmuts Ex-Frau gelesen worden waren. »Du warst bislang bei jedem Spaziergang dabei, oder? Was ist es, das Pegida für dich so besonders macht?«

Kurz ärgerte ich mich über die viel zu offensichtlich journalistische Frage und meine Unprofessionalität. Hartmut sah jedoch bloß aus dem Fenster, dachte nach. »Ich glaube, die Solidarität. Davon gibt es heutzutage viel zu wenig, vor allem seit der Wende. Schau dich doch mal um, nur noch Einzelkämpfer unterwegs da draußen. Und läuft's irgendwann mal schlecht, wirste allein gelassen. Wenn ich mal wieder länger krank bin, krieg ich keine Unterstützung, sondern bloß 'ne Hartz-IV-Kürzung.«

Ich nickte verständnisvoll, versuchte dann aber, unser Gespräch ein wenig zuzuspitzen – auch wenn es mir schwerfiel, meinen Kommentar über die Lippen zu kriegen: »Und den Ausländern wird alles hinten reingeschoben.«

Hartmut schüttelte den Kopf und beugte sich mit einem leisen Ächzen vor, offenbar bereitete ihm das Aufrichten auf dem durchgesessenen Sofa Schmerzen. »Ach, das ist mir zu einfach, Markus. Die können ja auch nix dafür. Mir geht's nicht darum, dass irgendwem was weggenommen wird. Ich will aber, dass sich die Regierung auch mal um die eigenen Leute kümmert. Die Banken und die Griechen können sie retten, aber wenn's um Rentner oder Arbeitslose geht, kommt der Schäuble wieder mit seiner schwarzen Null.«

Während er das sagte, klang Hartmut nicht aufgebracht, sondern resigniert, dabei hatte er auf Facebook oft einen ganz anderen Tonfall angeschlagen. Er zündete sich eine Pall Mall an und deutete auf die Sandwiches mit Cervelatwurst und Scheiblettenkäse, die er uns gemacht hatte. »Versuch du mal, mit Hartz IV ein anständiges Leben zu führen. Nur von Toastbrot und Fertignudeln zu leben, den Enkelkindern nicht mal 'ne Cola spendieren oder mit ihnen in den Zoo gehen zu können – das ist würdelos, Markus. Vor allem, wenn man dreißig Jahre hart gearbeitet hat und einen auf einmal keiner mehr braucht. Wenn ich dagegen auf die Straße gehe – macht mich das zu einem Nazi?«

Ich verstand seinen Frust. Und verstand am Abend auch, wie gut es Hartmut tat, nicht allein mit diesem Frust zu sein.

»Wir lassen uns den Mund nicht verbieten«, rief Lutz Bachmann von der Bühne, und alle stimmten ihm zu, manche aus voller Kehle. Auf einmal war Hartmut wie ausgewechselt, keine Spur mehr von der Resignation am Nachmittag. Seine zuvor tonlose Stimme, fast so leise, als würde er sich ihrer schämen, klang plötzlich kraftvoll und selbstbewusst. Nicht nur der Lärmpegel zwang ihn dazu, lauter zu sprechen. Immer öfter stimmte er auch in die Parolen mit ein und traute sich schließlich sogar, alleine etwas aus der Menge zu rufen. Hartmut erinnerte mich an einen chronisch Kranken, der den angestauten, zähen Schleim ganzer Jahre mit einem Mal endlich abhusten kann. Er wirkte befreit – und tatsächlich gönnte ich ihm das.

Aber Hartmut schien auch durchaus empfänglich gegenüber dem zu sein, was die anderen sagten. Seine Bekannten Werner und Sören, denen wir uns beim Spaziergang anschlossen, hatte er bei Pegida und über Facebook kennengelernt. Und die redeten »Klartext«, ohne dass er ihnen widersprach. Weder, als sie alle Parteien mit Ausnahme der AfD als korrupt verurteilten, noch, als es darum ging, dass sich deutsche Frauen nachts nicht mehr auf die Straße trauten, aus Angst, von Migranten vergewaltigt und zu einem der unzähligen »Einzelfälle« zu werden. Hartmut hörte ihnen interessiert zu, als sie sämtliche Journalisten als gekauft oder das Fernsehen als Staatsfunk bezeichneten. USA, EU und

NATO wurden verteufelt, Männer wie Putin oder Orbán dagegen über den grünen Klee gelobt. Es war vom Donbass in der Ukraine die Rede, von Pädophilie bei den Grünen und sogar vom internationalen Masterplan, Deutschland mit Migranten zu unterwandern. In einem Moment riefen sie noch »Je suis Charlie«, im nächsten schimpften sie wieder auf die Lügenpresse. Am liebsten hätte ich Hartmut zur Seite genommen und ihn aufgeklärt. Aber das ging nicht, an diesem Abend war ich als Markus Schneider einer von ihnen; Dokumentarfilmer dürfen schließlich auch nicht eingreifen, wenn eine alterslahme Antilope von Löwen gerissen wird.

Das anfangs friedliche Stammtischgespräch wurde immer gereizter. In der Menge machten Flugblätter von rechts wie links die Runde und heizten die Stimmung auf – genau wie der Alkohol, der eigentlich verboten ist, in der Gruppe aber heimlich in Tetra Paks herumgereicht wurde. Ich blieb bloß Mitläufer, hörte den Männern zu, ohne allzu viel eigenes beizutragen, nickte, wenn sie mich darüber aufklärten, »wie die Dinge wirklich laufen«, und murmelte dann bloß überrascht, davon hätte ich ja gar nichts gewusst. Das sei ja das Problem, sagte Werner, der Extremste aus der Runde: Die Bevölkerung werde für dumm verkauft – aber das sei dank Pegida und aufrechter Bürger wie Björn Höcke jetzt vorbei. Dann stimmte er wieder in den Chor mit ein und brüllte aus vollem Hals: »Wir sind das Volk!«

Am Mikrofon bemühte sich Lutz Bachmann derweil um einen gemäßigteren Ton und versuchte, den Zorn seiner Zuhörer zu bändigen. »Am heutigen Tag sind wieder Störer unter uns hier, welche dazu dienen sollen, ein negatives Bild von Pegida zu zeichnen. Meine Bitte wieder: Lasst euch nicht provozieren, achtet aufeinander, achtet auf euren Nachbarn.«

Genau in diesem Augenblick erkannte ich ein vertrautes Gesicht in der Menge, keine zehn Meter von mir entfernt. Und plötzlich war da nur noch Wut.

***

Es passiert schon wieder, ein Streit wegen nichts und wieder nichts. Sophia kann nichts dafür, dass meine Nerven blank liegen – genauso wenig wie Max, den ich, als er sich morgens andauernd die Mütze vom Kopf riss, auf offener Straße anschrie, er solle sich jetzt verdammt noch mal zusammenreißen. Es war nicht fair, so laut zu werden, auch die Mütze hätte ich ihm nicht so eng um den Hals knoten dürfen, dass er noch brüllte, als wir längst in der Kita waren. Aber ich konnte nicht anders. Und kann es auch jetzt nicht: »Wenn du nichts Besseres zu tun hast, als mir im Weg zu stehen, dann geh doch einfach raus und lass mich kochen.«

Sie macht mir Platz und lässt mich das weggeschnittene Fleisch in den Mülleimer werfen. »Komm mal runter. Ich wollte dir nur helfen.«

Ich stütze mich mit beiden Händen auf die Arbeitsplatte und schließe die Augen, sage so ruhig ich kann: »Dann hilf mir woanders. Bitte.«

Erst Sekunden nachdem ich Sophia die Küchentür zuknallen höre, öffne ich meine Augen wieder und schneide dann so fahrig das Gemüse, dass ich mir gleich zweimal in den Finger hacke. Die Dunstabzugshaube schalte ich nur ein, um meine Wutschreie zu übertönen.

Abends auf der Couch entschuldige ich mich bei ihr und schiebe es auf den Stress.

»Ist es wegen der Trolle?«

»Du weißt davon?«

Sophia nickt. »Ich habe ein paar der Kommentare gesehen. Du darfst dich von denen nicht einschüchtern lassen. Das sind bloß Scheinriesen – es würde mich nicht wundern, wenn das in Wahrheit bloß eine Handvoll frustrierter Idioten ist.«

»Keine Sorge, von den paar Deppen lasse ich mich nicht verrückt machen. Die sind nicht der Grund für meinen Stress. Du kennst das doch: Manchmal ist man eben angespannt, einfach so. Mir fehlt wahrscheinlich das Laufen.«

»Die Entzündung ist bestimmt bald wieder verheilt«, lächelt Sophia und nimmt mich in den Arm.

Ich löse mich schon nach wenigen Sekunden aus der Umarmung. Sie steht mir nicht zu, zumal die Trollangriffe inzwischen endlich abflauen. Als wir beide wieder auf unsere Bildschirme starren, scrolle ich mich weiter durch Bilderstrecken von Pegida-Berichten und suche mein Gesicht unter den fünfundzwanzigtausend anderen, die an diesem Abend in Dresden auf die Straße gingen. Über die Täter ist noch immer nichts bekannt; *sachdienliche Hinweise nimmt die Kripo in Dresden oder jede Polizeidienststelle entgegen.*

Als ich in meiner Facebook-Timeline das Exklusiv-Interview in der *taz* entdecke, wird mir schlecht vor Angst. Zum ersten Mal, seit er aus dem Krankenhaus entlassen wurde, äußert er sich öffentlich. Für ihn ist die Sache ganz klar:

Jemand müsse ihn verleumdet haben. Ein einziger wahrer Satz im ganzen verdammten Interview, und der ist auch noch geklaut. Eigentlich müsste ich beim Lesen entsetzt sein, wie maßlos der andere die Ereignisse in Dresden übertreibt und sich dabei als Opfer stilisiert. Kein Wort darüber, dass alles mit einem Unfall begann. Oder über diejenigen, die dazwischengingen, um ihm zu helfen. Seine Aussagen sind eine dreiste Übertreibung, so viel ist sicher – aber für mich sind sie womöglich die Rettung, stützen sie doch alles, was ich in *Am Kipppunkt* geschrieben habe:

> Als Alkohol ins Spiel kommt, lädt sich die Stimmung in unserer Gruppe weiter auf. Schnell macht das Gerücht von Journalisten die Runde, die sich an diesem Abend unters »Volk« gemischt haben. »Die werden wir jagen«, ruft Jürgen mit erhobener Faust und ist – so hoffe ich es in diesem Augenblick zumindest – eigentlich auf Lacher aus. Stattdessen erntet er jedoch Zustimmung, nur Minuten später diskutiert die Gruppe bereits mit anderen Demonstranten darüber, woran man »das Pack« am besten erkennen könne. Auch ich werde nach Ideen gefragt. Wie schon am ganzen bisherigen Abend kann – und will – ich nur wenig beitragen und wiederhole lediglich Variationen von dem, was Wolfgang und Bernd schon gesagt haben. Plötzlich scheint es aber nicht mehr auszureichen, bloß Mitläufer zu sein, plötzlich muss ich als Neuer in der Gruppe einen Vertrauensbeweis liefern. »Schau

dich doch mal in der Menge um«, sagt Jürgen. »Und dann zeigst du auf einen, der dir verdächtig erscheint. Den quatschen wir an.« Ich deute auf den nächstbesten Unverdächtigen, einen alten Mann mit einem »Lügenpresse«-Schild. Als die anderen über meinen vermeintlichen Witz lachen und mir Wolfgang auf die Schulter klopft, bin ich einen Moment lang beruhigt. Das ändert sich schlagartig, als wir mit den nächsten Spaziergängern ins Gespräch kommen und uns einer von ihnen über die »Deutschland GmbH« aufklären will. Ausgerechnet mein Personalausweis soll als Beweisstück für die andauernde Besatzung Deutschlands dienen – und ausgerechnet heute habe ich ihn nicht dabei. Das ist natürlich eine Lüge: Ein Blick in mein Portemonnaie würde die Tarnung sofort auffliegen lassen. Plötzlich habe ich Angst, den anderen in die Augen zu sehen. Ich fühle mich beklemmt und eingeschüchtert, muss immer wieder gegen die aufsteigende Panik ankämpfen. Es ist zu gefährlich geworden. Als wir auf dem Weg zur Bühne ins Gedränge kommen, nutze ich spontan die Chance zur Flucht und schiebe mich in die entgegengesetzte Richtung. Die Fragen kommen, noch während ich versuche, mich durch die aufgebrachte Menge zu quetschen: Habe ich versagt? Bin ich an meinen eigenen Ansprüchen gescheitert? Brauchen wir in Zeiten wie diesen nicht einen mutigen, einen furchtlosen Journalismus? Diese Fragen verstummen, als ich eine halbe Stunde später im Hotel die Nachrichten sehe. Was bleibt, ist blankes Entsetzen.

»Ich bin davon überzeugt, dass ich kein zufälliges Opfer war«, heißt es nun Wochen später im Interview. »Das war vielmehr ein gezielter und ganz bewusster Anschlag auf die Pressefreiheit.«

Trotz der Hilfe von unerwarteter Seite bin ich aber noch lange nicht beruhigt. Nur ein Bild, das mich erkennbar in der Nähe des Vorfalls zeigt, ein YouTube-Video, eine einzige Zeugenaussage – mehr bräuchte es nicht, um mir einen Strick aus der Sache zu drehen. Dann könnte ich nie wieder als Journalist arbeiten. Im Posteingang ein abstoßendes Bild der Toten aus der *Charlie-Hebdo*-Redaktion: *Nur die dümmsten Kälber wählen ihre Metzger selbst! #tuescharlie*

***

Kurz verlor ich ihn aus den Augen, weil sich eine größere Gruppe an mir vorbeidrängelte, um näher an die Bühne heranzukommen. Dann, zwischen Schultern und Mützen und dem kondensierenden Atem meiner Nebensteher, sah ich ihn wieder, genau wie ich befand sich der andere im regen Austausch mit Protestlern. Natürlich sah er nicht so aus wie auf der Hochzeit. Den Maßanzug hatte er gegen einen schlecht sitzenden Parka eingetauscht, und die damals nach hinten gegelten Haare ragten nun strubbelig unter einer flaschengrünen Army-Cap hervor. Zudem trug Andreas Schultz inzwischen einen Vollbart, der zwar die schmalen Lippen kaschierte, seinen arroganten Blick aber umso stärker in den Fokus rückte. Ich ballte die Hände in den Taschen zu Fäusten und spürte, während ich das Gewicht auf die Zehen verlagerte, zum ersten Mal seit Stunden meine Füße. Plötzlich fror ich nicht mehr, im Gegenteil: Unter dem Wollschal staute sich so viel Wärme, dass ich ihn lockern musste, um mir kalte Luft an den Hals zu fächern. Nur die Mütze zog ich mir tiefer ins Gesicht, Schultz durfte mich auf keinen Fall erkennen. Ein etwas zu langer Blickkontakt, ein reflexartiges Zunicken oder eine falsche Geste, schon wäre unsere Tarnung aufgeflogen. Am liebsten hätte ich ihn sofort zur Rede gestellt. Dann aber hätte ich für nichts garantieren können, zu groß war meine Wut über Martins Verrat. Denn das war es in jedem Fall: Entweder hatte er mir die Idee geklaut, oder er wollte mich fernhalten, damit sein Kollege die Story ganz für sich hatte. Ich spürte einen unerträglichen Druck, eine Hilflosigkeit, als hätte sich jemand sehr viel Stärkeres mit vollem Gewicht auf meinen Brustkorb gekniet und mir mit beiden Händen Mund und Nase zugedrückt. Ich hatte keine Chance, gegen Schultz kam ich nicht an. Wahrscheinlich würde dessen Artikel bereits übermorgen in der *taz* erscheinen. Und ich? War damit aus dem Spiel.

Ich bat Werner um das Tetra Pak und trank so hastig von dem abgestandenen Korn-Cola-Gemisch, dass ich husten musste. Die Schläge auf den Rücken trafen mich unvorbereitet, ich stolperte mit weichen Knien nach vorne und rang kurz um Halt.

»Besser?«, fragte Werner. Ich nickte und nahm noch einen Schluck gegen den Hustenreiz.

»Ich freue mich einfach«, fuhr Bachmann auf der Bühne fort, »dass ihr den Mut aufbringt, hierherzukommen, auch wenn eure Gesichter in der Presse erscheinen und schon teilweise Leute, ganz normale Bürger, ihre Arbeit deswegen verloren haben, weil sie bei Pegida, weil sie auf der Pegida-Demonstration gesichtet worden sind. Ich finde das einfach eine Unverschämtheit.«

»Eine Schweinerei!«, rief jemand. »Nieder mit der Lügenpresse!«

Ein Schlachtruf, der schnell die Runde machte und immer weiter anschwoll. Auch Werner und Hartmut stiegen in den Chor ein und brüllten mit, so laut sie konnten. Die Aggression und Lautstärke der Menge waren kaum zu ertragen, darum zog ich mir die Mütze noch weiter über die Ohren. Als ich daraufhin Werners skeptischen Blick von der Seite bemerkte, wurde mir flau.

»Was is' los mir dir?«

Ich deutete auf seinen Hals. »Kratzt noch.«

»Scheiß drauf, Mann! Ich sag dir was: Jede Stimme zählt, egal, wie schwach sie ist. Gemeinsam sind wir lauter!«

Also stimmte ich mit ein, auch wenn mir der Satz anfangs nur schwer über die Lippen ging. Erst bewegte ich bloß den Mund oder murmelte leise mit, dann wurde ich unter Beobachtung Werners mit jedem Durchgang lauter. Die Worte in Silben zu zerlegen, machte es für mich leichter; ich redete mir ein, es wäre bloß eine Lautfolge ohne Semantik, nichts weiter als rhythmisches Skandieren. Ein Stammesritual, an dem ich teilnahm, ohne die Sprache zu verstehen. Als tanzten wir gemeinsam ums Feuer und drückten mit Lauten unsere Gefühle aus. Gefühle, die wir in diesem Moment jedoch teilten. Denn ich war keineswegs in Trance, sondern hellwach. Schließlich schrie ich, die Augen permanent auf den ebenfalls grölenden Andreas Schultz gerichtet, aus ganzer Kehle mit:

»Nie-der-mit-der-Lü-gen-pres-se!«

Ich brüllte alles aus mir heraus:

all die Niederlagen.

»Nie-der-mit-der-Lü-gen-pres-se!«

All die Demütigungen.

»Nie-der-mit-der-Lü-gen-pres-se!«

All die Selbstzweifel.

»Nie-der-mit-der-Lü-gen-pres-se!«

All meine Wut.

Mit jedem Schrei fühlte ich mich befreiter und stärker. Ich brüllte mich in einen Rausch, bis die Rufe aus der Menge bloß noch ein Echo meiner eigenen Stimme, ein Resonanzraum, ein Verstärker waren.

»Schon besser«, grinste Werner von der Seite. »Kommt ja richtig von Herzen bei dir!«

»Was meinst du, warum ich hier bin?«

»Kenn dich ja nicht. Hast am Anfang ein bisschen verklemmt gewirkt. Hättest genauso gut einer von denen sein können!«

»Ha, das hättest du gemerkt – die erkennt doch ein Blinder mit Krückstock!«, lachte ich und wunderte mich über meine Hochstimmung. Und dann rutschte es mir einfach so heraus: »Guck dir zum Beispiel den Typen von der *taz* da an: Schlechter kann man sich doch gar nicht tarnen!«

Sofort verlor ich die Kontrolle über die Situation. Ohne noch einmal nachzuhaken, stürmte Werner unvermittelt auf

Schultz zu und blaffte ihn noch aus der Menge an, erntete, als sie einander gegenüberstanden, aber bloß Schulterzucken und ein Lächeln. Ich verstand nicht, was sie sagten, einen Schritt auf die beiden zuzugehen, wagte ich jedoch nicht. Weitere Männer mischten sich ein. Jemand aus der Gruppe, mit der Schultz unterwegs war, baute sich vor ihm auf und stupste ihm an die Schulter. Schaulustige versammelten sich, bildeten einen Kreis um Schultz und die anderen. Der wurde, vermutlich mehr aus Angst denn aus Wut, mit einem Mal so laut, dass selbst ich ihn hören konnte: »Fass mich noch einmal an, und du hast eine Anzeige am Hals, ich schwör's dir!«

Und dann passierte es. Es war nur ein kleiner, lächerlicher Schubser, nichts weiter als eine Provokation. Doch als Andreas Schultz nach dem zweiten Schulterstoß ängstlich zurückwich, stolperte er über einen Bordstein und stürzte auf seinen Arm. Nichts an der Szene war bedrohlich. Es war bloß ein Missgeschick, beinahe Slapstick – fast musste ich sogar lachen. Plötzlich aber ein Schrei: mehr jammernd als wütend, ein unkontrollierter, entsetzter Laut ohne jede Eitelkeit und Würde. Ich reckte meinen Hals und erkannte am unnatürlichen, grotesk schiefen Winkel sofort, dass der Arm gebrochen war. Wie in einer Choreografie gingen alle augenblicklich einen Schritt zurück und gaben den Blick auf Schultz frei, der gekrümmt vor Schmerz am Boden lag und dem, als er einen Blick auf seinen abstehenden Arm riskierte, sogleich ein zweiter Schrei entfuhr. Auch Werner war sichtbar geschockt. Aber gerade, als er sich über ihn beugen wollte, stürmten zwei junge Männer auf Schultz zu und traten auf ihn ein. Der eine sprang ihm sofort mit den

Knien auf die Brust und prügelte ihm mit beiden Fäusten ins Gesicht; einmal schlug er ins Leere, weil der Kopf von Schultz nach einem Fußtritt des anderen gerade zur Seite schoss. Alle brüllten durcheinander, am lautesten das Opfer. Ich spürte ein Zucken in meinen Beinen. Ich musste ihm helfen, irgendetwas tun. Ein Reflex im Widerstreit mit meinem Fluchtinstinkt und der Explosion in meinem Kopf: ein Feuerwerk aus Panik, Reue und Blitzen der Genugtuung. Überfordert und gelähmt, konnte ich keinen klaren Gedanken fassen. Nicht so Werner und die anderen: Zu viert packten sie die Schläger an den Schultern und wuchteten sie zu Boden. Im Gegensatz zu ihnen war ich noch immer nicht imstande, mich zu rühren. Als mir Hartmut an die Schulter fasste, fuhr ich vor Schreck zusammen. »Lass uns von hier verschwinden, Markus! Damit wollen wir nichts zu tun haben – diese Idioten machen uns alles kaputt!«

Ich stimmte Hartmut zu, hängte ihn aber schon nach wenigen Metern ab. In großen Schritten eilte ich durch die Menge und schob mich durch Lücken, die sich gleich wieder schlossen, schlug Haken, mit denen mein Gastgeber nicht rechnete. Kaum aus der Menge, war mein Impuls zu rennen so stark, dass es mich beim Gehen fast zerriss.

März 2015

Endlich Wochenende, endlich Zeit für uns. Und zwar so viel davon, dass ich gar nicht wusste, wohin mit ihr. Wenn einem Kinder tatsächlich den Tag versüßten, dann war ich längst zuckerkrank. Seit halb sechs war Max auf den Beinen, und seit halb sieben regnete es. Schon nach drei Stunden die ersten Lagerkollersymptome in Form von Trotzanfällen, Weinerlichkeit und Quengelei. Immer wieder der ungläubige Blick auf die Uhr und aus dem Fenster. Verregnete Samstage mit Kind waren eine Zumutung, besonders im Frühling. Dinge, die wir uns früher hart gegönnt hätten: ausschlafen, um dann noch vor dem Frühstück zu vögeln. Liegen bleiben, um es trotz Hunger ein zweites Mal zu tun. Zeitung lesen und auf dem Sofa Reisedokus schauen. Auf Netflix zehn Folgen hintereinander wegglotzen und dazu eine Pizza bestellen. Abends ausgehen und feiern, nachts dann betrunkener, etwas zielloser Sex.

Das Ergebnis von zielführendem Sex räumte nun schon zum dritten Mal an diesem Tag sein komplettes Spielzimmer aus, trat auf einen Duplostein und weinte. Ich tröstete Max mit einem Lied, schon war alles wieder gut: *Heile, heile Segen, drei Tage Regen, drei Tage Schnee – tut schon nicht mehr weh.* Wenn sich doch nur alle Probleme so einfach lösen ließen.

Wir hatten das Programm bereits mehrfach abgespult, hatten sämtliche Bücher angeschaut, alle mir bekannten Kinderlieder gesungen, Türme gebaut und potenzielle Rorschachmuster gemalt. Max durfte baden und fernsehen, kneten und iPad spielen. Mit dem Tablet kam er längst besser zurecht als meine Mutter, und das sagte mehr über mich aus als über sie. Er wuchs unter gottverdammten Cyborgs auf; eines Tages würde er uns in der Kita vermutlich mit Handys statt Händen malen.

Anders an diesem Tag. Mein iPhone lag in der obersten Borte des Bücherregals, allerdings nicht seinetwegen. Sogar ich musste mich strecken, um es zu fassen zu kriegen. Beim Blick aufs Display bereute ich meine Inkonsequenz sofort: drei verpasste Anrufe von Peter. Er wollte nach unserem Gespräch am Donnerstag eine Entscheidung. Ich legte das Handy zurück, schob es bis an die Buchrücken heran.

Zu meinen Füßen gab Max wieder den Drama King. Er lag flach auf dem Boden mit dem Pathos eines Verdurstenden, die Hände nach mir ausgestreckt und das Gesicht zur leidenden Grimasse verzerrt. Wenn alles nicht mehr weiterhalf, rief er nach seinem Papa. Psychologische Kriegsführung, eindeutig. Am Vormittag hatte ich ihn alle halbe Stunde heulend aus dem Schlafzimmer tragen müssen, damit Jan weiter an seinem Artikel für das Onlineangebot von *der Freitag* arbeiten konnte – sein größer Auftrag bislang, dank seiner Reportage kamen die Dinge nun endlich ins Rollen. Nach drei Stunden war er schließlich gegangen, um im überteuerten Coworking Space weiterzuschreiben. Max wusste das, und trotzdem schrie er nach ihm.

Sie sind hier unersetzlich, Sophia. Das wissen Sie.

Als die Sonne endlich herauskam, war es bereits halb vier. In den zehn Stunden, seit wir aufgestanden waren, hätten wir die komplette *Herr-der-Ringe*-Trilogie schauen können. Wir hätten zum Shoppen nach Florenz und wieder zurückfliegen können. Ein halbes Buch lesen. Ins Thermalbad gehen. Zwei Marathons laufen. In zehn Stunden kam man fast bis nach Singapur. Zehn Stunden konnten unerträglich lang sein – und trotzdem zu kurz, um eine wichtige Entscheidung zu treffen. Ich musste genauso nach draußen wie Max, brauchte Platz für meine Gedanken. Für Luftschlösser war es in der Wohnung zu eng. »Es regnet nicht mehr. Was meinst du, gehen wir raus?«

Max, begeistert: »Biedazz!«

Verglichen mit einem richtigen Ausflug war ein Nachmittag auf dem Spielplatz kaum befriedigender als ein Methadonprogramm, aber immer noch besser, als länger die Wanduhr anzustarren. Ich zog Max die Matschhose an, packte Spielzeug ein und trug ihn aus der Wohnung, kehrte im Treppenhaus aber auf halbem Wege noch einmal zurück, um auch mein Handy einzustecken.

Ich ließe Sie nur ungern gehen.

Auf dem Spielplatz die üblichen Mütterecliquen. Sie hatten zusammenfaltbare Sitzkissen dabei, Tupperdosen mit Früchten und Tee in Kannen. Und sie hatten einander. Meine Freunde und Bekannten hatten keine Kinder, sondern samstags einen Kater. Dafür drehten sich ihre Gespräche nicht bloß um Kita-Plätze, Einschlafrituale und Verdauungsprobleme. Im Stuttgarter Westen begegnete ich tagsüber fast nur Müttern mit Kinderwagen oder Buggys, die sie mit gestreckten Armen vor sich herschoben, um Platz für ihre abermals runden Bäuche zu lassen; ein Stadtteil wie eine Gebärmutter, die tagtäglich neue Mias, Emmas, Noahs oder Leons in die Welt spuckte, um dem Leben ihrer Mütter einen Sinn zu geben. Solange sie weiter Kinder mit Hirsekringeln, Apfelschnitzen und biologischem Früchtetee versorgen, ihnen weiter den Rotz aus der Nase putzen und den Sand aus den Schuhen klopfen durften, hatten sie eine Aufgabe.

Aber machen wir uns nichts vor, Sophia: Sie wollen mehr als das hier.

Max sprudelte über vor Energie, ich sah ihn über den Spielplatz fetzen und dachte an Mentos in einer Colaflasche. Er wollte alles auf einmal: rutschen, schaukeln, wippen, klettern. Kaum war er von der Rutsche, peste er zum Wipptier, aber sobald ich ihm hinaufgeholfen hatte, war die Schaukel plötzlich interessanter. Dreimal hoch und wieder runter, schon begeisterte ihn das nächste Spielgerät. Max traf seine Entscheidungen impulsiv und kompromisslos, er folgte einfach seinem Bauchgefühl. Beneidenswert. Einen Augenblick lang machte mich seine pure Freude froh, auch für ihn war es schließlich ein zäher Tag gewesen. Im Gegensatz zu mir brauchte er bloß wenige unbeschwerte Minuten, um alles um sich herum, alles Vorherige zu vergessen. Nach einer Viertelstunde war er endlich ausgepowert genug, um im Sand zu spielen, und gönnte mir eine Pause.

Sie haben es sich verdient, durch harte Arbeit und Einsatz.

Auf dem Handy keine neuen Benachrichtigungen, Peter hatte nicht wieder angerufen. Aber ich schuldete ihm eine Antwort auf sein Angebot, noch heute. Stattdessen las ich Belanglosigkeiten auf *Spiegel Online*, Literaturblogs, Filmseiten. Mir fehlte die Zerstreuung auf Facebook, seit ich mich dort und auch überall sonst abgemeldet hatte. Vor knapp zwei Monaten hatte ich das letzte Mal getrollt – und noch immer gab es andauernd Momente, in denen ich mit mir kämpfen musste.

Max brüllte plötzlich los und hielt sich die Stirn, vor ihm ein deutlich älteres Mädchen mit einer grünen Plastikschaufel in der Hand. Die Mutter saß nur einen Meter dahinter auf der Bank und unterhielt sich mit einer Freundin. Ich kannte sie vom Sehen. Niemand war öfter auf dem Spielplatz als sie, selbst vormittags. Zwar hatte sie Notiz von dem Zwischenfall genommen, sah sich aber offenbar nicht genötigt, sich in die Angelegenheiten ihrer Tochter einzumischen. Ich kniete mich neben Max und tröstete ihn. Er hatte eine kleine Schramme über der Augenbraue. »Sie könnten ruhig aufpassen, was ihr Kind hier so treibt!«

Die Frau blieb entspannt sitzen. »Haben Sie nicht gerade die ganze Zeit auf Ihr Handy gestarrt?«

»Es war nicht mein Kind, das zugeschlagen hat.«

»Ach, wissen Sie: Wir tun den Kleinen keinen Gefallen, wenn wir helikoptern. Die müssen lernen, ihre Probleme untereinander zu klären. Außerdem hat Zoé nicht angefangen. Ihr Junge hat ihre Spielsachen geklaut.«

Ich starrte in das ausdruckslose Gesicht der Frau und hätte es am liebsten zerkratzt. Mir fehlten die Worte. Ich war einfach nicht schlagfertig genug, um Max zu verteidigen, nicht einmal gegen diese verschissene Freizeitmama, die, anstatt arbeiten zu gehen, die ganze Woche bloß das Punktekonto ihrer DM-Kundenkarte füllte. Als Max seine Hand erneut nach dem Spielzeug ausstreckte und das Mädchen ihn schubste, griff ich ein. Ich riss Zoé die Schaufel aus der Hand und warf sie in hohem Bogen ins Gebüsch. »Los, Zö – such!«

Sie sind für Ihre Kollegen ein Vorbild.

Max und ich ließen verbrannte Erde zurück. Ein weinendes Kind und dessen zeternde Mutter. Und dann noch eine zweite, deren Sohn seine Schaufel vermisste – das habe man doch sehen müssen, grün sei sie gewesen, in Großbuchstaben mit Luca beschriftet. Auch Max schrie, er hatte noch nicht gehen wollen. Ich beruhigte ihn mit Scheckbuchdiplomatie und versprach ihm ein Eis. Bei Fragola schrieb ich Jan über WhatsApp, wo wir waren, falls er dazukommen wollte. Seine Antwort kam prompt: Er brauche leider noch mindestens eine Stunde zum Schreiben.

Ich möchte nicht derjenige sein, der Ihnen Chancen verbaut. Zunächst wäre es ja ohnehin nur auf ein Jahr befristet. Also, was sagen Sie?

Max' Tränen waren noch nicht getrocknet, da strahlte er schon wieder über seinen Becher mit Vanille und Schokolade. Ich trank stattdessen ein großes Bier. Und fragte mich, wie das Eis wohl in Singapur schmeckte.

***

»Und?«

Ich machte mich klein, um Jan, der mir gegenüber am Esstisch saß, nicht über den Bildschirm meines MacBooks hinweg in die Augen sehen zu müssen. »Liest sich gut«, sagte ich und log. Ich war viel zu unkonzentriert gewesen, um seinem Artikel folgen zu können, und hatte ihn bestenfalls quergelesen. »Ein paar Füllwörter könntest du vielleicht noch streichen.«

»Klar, ich muss ihn eh noch um knapp vierhundert Zeichen kürzen. Danke!« sagte Jan und schenkte mir Wein nach. Er war in Feierlaune, sein Artikel für *der Freitag* war schließlich eine große Sache für ihn. Die Pegida-Reportage hatte sich trotz des wochenlangen Trollterrors für ihn bezahlt gemacht. Neben regelmäßigen Aufträgen fürs Stadtmagazin bekam Jan nun endlich die Chance, sich in überregionalen Medien zu beweisen, zugleich setzte er sich, weil er niemandem absagen wollte, aber auch einem immer größeren Druck aus. Gerade mal einen einzigen Auftrag, einen Artikel über das Netzwerk der Neuen Rechten, hatte Jan abgelehnt – lieber *One Hit Wonder* als *One Trick Pony*, so seine Begründung, die kaum über seine Angst hinwegtäuschen konnte, abermals zum Opfer rechter Trolle zu werden.

»Ach ja. Du wolltest mit mir noch über etwas sprechen, oder?«, fragte er und klappte mein MacBook einfach von hinten zu, sodass ich ihm ins Gesicht sehen musste. Sein neues Selbstbewusstsein stand ihm gut. Lange hatte ihm sein Scheitern sichtbar zu schaffen gemacht; während Planet Max immer lebensfreundlicher geworden war, hatte sich der

Astronaut zu weit nach draußen gewagt und war auf einem Planeten mit so extremer Gravitation gestrandet, dass dort schon kleinste Schritte nur mit allergrößter Anstrengung zu bewältigen gewesen waren. Fast ein ganzes Jahr lang hatte die Schwerkraft seine Schultern, seinen Kopf, selbst seinen Blick nach unten gedrückt. Jetzt saß Jan mit aufrechtem Rücken parallel zur Stuhllehne und sah mir so lange in die Augen, dass ich es war, die seinem Blick ausweichen musste, um ja nichts von dem preiszugeben, was mir seit drei Nächten den Schlaf raubte. Es war einfach nicht fair: Endlich lief alles nach Plan – nur war dieser so klein zusammengefaltet, dass kein Weg mehr zum anderen fand.

»Es geht um Kathrin«, hörte ich mich sagen, ohne mir die Worte vorher überlegt zu haben. »Ich muss sie heute Abend noch treffen, sie braucht Hilfe bei einem Projekt, das letztes Jahr noch ich betreut habe.«

Keine zehn Minuten später war ich weg. Was für eine alberne, pathetische Idee: abends alleine durchs Viertel zu laufen, um einen klaren Kopf zu kriegen. Und nicht mal das konnte ich. Schon nach zehn Minuten war ich in die nächste U-Bahn Richtung Innenstadt gestiegen, weil ich mich auf den leeren Straßen zu unwohl gefühlt hatte. Einen Gefallen hatte ich mir damit aber auch nicht getan. Stuttgart-Mitte am Samstagabend war ein Wimmelbild voller unbeschwerter, feiernder Menschen in meinem Alter. *Findet Sophia! Ihr erkennt sie an den hängenden Schultern und traurigen Augen.* Ich lief ziellos umher: vorbei an Kneipen, die wir früher oft besucht hatten, vorbei an Plätzen, an denen wir uns schon einmal betrunken geküsst hatten, vorbei an Menschen, bei denen all das eben noch nicht vorbei war. Es half mir nicht, mit unserer Gegenwart hatte das nur noch wenig zu tun. Und erst recht nichts mit der Zukunft. Es war eigentlich nicht mein Plan gewesen, alleine etwas trinken zu gehen, diesen Reflex teilte ich nicht mit Jan. Meinen Harndrang hätte ich noch eine halbe Stunde ausgehalten, einen Platzregen ohne Schirm dagegen nicht. Anstatt mich ins nächstbeste Taxi zu setzen, flüchtete ich vor dem Regen an den Tresen des Mata Hari und blieb dort einen Gin Tonic länger als nötig. Dann schrieb ich Jan, das Treffen mit meiner Kollegin dauere leider noch etwas länger, und bestellte meinen dritten.

Was war schlimmer: die Lüge oder das Verschweigen? Ich hatte ihm nichts von dem Angebot erzählen können. Ein Jahr bei Daimler in Singapur. Eine einmalige Karrierechance, zugleich ein Abenteuer, ein erfüllter Lebenstraum. Es wäre für alles gesorgt: Peter hatte mir eine möblierte Wohnung und einen Betreuungsplatz für Max versprochen, mir sogar die Übernahme der Speditionskosten in Aussicht gestellt. Es waren noch mehr als drei Monate bis Juli, genügend Zeit, um alles Wichtige zu regeln. Max war klein genug, um sich schnell auf Änderungen einzustellen, und würde – anders als später – kein Jahr auf der Schule verlieren. Und Jan?

Müsste nichts aufgeben.

Müsste alles aufgeben.

Es gab dort nichts für ihn zu tun, das ihn weiterbrächte. Schon in Stuttgart hatte er genügend Probleme, an Aufträge zu kommen. Doch auch wenn es noch lange nicht zum Leben reichte, hatte Jan dank *Am Kipppunkt* nun endlich einen Fuß in der Tür. Ein Jahr später wäre das nichts mehr wert. Sicher würde er mich dazu ermutigen, das Angebot anzunehmen, sicher würde er mitkommen, mich unterstützen wollen. Ich konnte das nicht zulassen.

»Ich muss mich für meinen Freund entschuldigen.«

Der Blonde deutete auf den Typen am Tisch, den ich vor zwei Minuten hatte abblitzen lassen. Er gab vor, bloß für seine Jungs Bier zu bestellen, setzte sich aber gleich neben mich. Ich durchschaute die Nummer sofort. Der Anmachspruch seines Kumpels war so beschissen gewesen, dass es sich nur um ein Vorspiel hatte handeln können: *Ich sprech ja normalerweise nicht einfach so Frauen an, aber du hast Augen wie Planschbecken in der Mittagssonne!*

»Er ist eigentlich ganz handzahm, aber er verträgt nicht viel«, lächelte der Blonde von der Seite. Dann wandte er sich mir zu und berührte flüchtig, aber alles andere als zufällig meinen Arm. »Wenn du's erlaubst, würde ich's gerne wiedergutmachen. Was trinkst du, Gin Tonic?«

Dankbar für die Ablenkung ließ ich ihn für mich bestellen und kassierte dafür gleich die zweite kurze Berührung. In den Pick-Up-Artist-Foren nannten sie das *kino*: der *kinesthetic approach*. Der Blonde war kein Anfänger, allerdings hielt er sich zu streng ans Lehrbuch, wirkte streberhaft. In der PUA-Szene kannte ich mich bestens aus. Ich hatte mich eingelesen, das Vokabular gepaukt, die Argumentationsmuster studiert, denn nichts löste einen amüsanteren Shitstorm aus als ein Profiaufreißer im Feminismusforum.

Der Blonde sah für einen Idioten recht gut aus, aber das Beste an ihm war, dass er so herrlich egal war. Früher hätte ich mich auf einen wie ihn vielleicht sogar für eine Nacht eingelassen, nach meinen Regeln natürlich. Typen wie er waren ein *guilty pleasure*: wie die hässlichen Leggins, die eine Saison lang in waren, in der nächsten auf Fotos aber schon wieder peinlich aussahen. Oder der dämliche Charthit, den man mit einer legendären Partynacht, einem unbeschwerten Sommer verknüpfte, sich aber nie im Leben auf den iPod geladen hätte, weil er nur mit Ironie und Alkohol zu ertragen war. Wer sich einfach bloß das Hirn rausvögeln lassen wollte, hielt sich nun mal besser an Lou Bega als an Leonard Cohen.

»Wie heißt du?«

Ich hatte plötzlich *Mambo No. 5* im Kopf und die freie Auswahl zwischen Monica, Erica, Rita und: »Sandra. Aber meine Freunde nennen mich Mary!«

»Also Mary, schön! Ich bin Tim«, entgegnete der Blonde und gab mir die Hand, die er – natürlich – erst nach mehreren Sekunden wieder zurückzog.

Ich spielte das Spiel mit. Ließ ihn von sich erzählen und mich zum Schein einlullen, *cocooning* nannten sie das. Tim war Student der Luft- und Raumfahrttechnik, und ich tat fasziniert. »Wow, einen Astronauten habe ich ja noch nie kennenlernen dürfen!«

Anstatt meinen falschen Eindruck zu korrigieren, schwadronierte Tim vom Weltall und bemühte sich hochkonzentriert darum, jede meiner Bewegungen unauffällig zu spiegeln. Lächelte ich, lächelte er. Kratzte ich mich an der Nase, kratzte er sich an seiner. Fuhr ich mir durchs Haar, wischte er sich eine Strähne aus der Stirn. Innerhalb weniger Minuten brachte ich ihn an den Rand eines nervösen Ticks: Ich blinzelte siebenmal schnell hintereinander, und er tat es mir gleich. Fuhr mir mit der Zunge unter die Lippe und ließ sie dort sekundenlang verweilen. Legte meinen Kopf schief und nickte, nickte, nickte, hob zum Rhythmus der Musik die Augenbrauen und zog mir am Ohrläppchen. Als der Blonde allmählich irritiert wirkte, änderte ich meine Strategie. Und machte ihn heiß: »*Ground Control to Major Tim*, würdest du mir bitte eine Zigarette drehen?«

Der Blonde öffnete seinen Tabakbeutel und drehte mir routiniert und schnell eine Kippe; ehe er sich seine eigene zukleben konnte, fasste ich ihm ans Handgelenk. »Lass mich sie für dich anlecken. Das bringt Glück!«

Ich fuhr mit der Zunge langsam und gleich zweimal über den Klebestreifen und sah Tim dabei direkt in seine triumphierenden Augen, Stichwort: *Escalation!*

»Ich glaube, es wirkt schon, das Glück«, grinste er.

Er hatte mit Sicherheit einen Steifen, Zeit für die kalte Dusche: Als er aufstand, um mit mir zum Rauchen nach draußen zu gehen, ließ ich ihn plötzlich auflaufen und steckte die Zigarette in meine Handtasche. »Jetzt nicht.«

Dann schob ich meinen leeren Gin Tonic an den Tresenrand und schaute gelangweilt aufs Handy.

Der Blonde wurde aus Nervosität offensiver. Er lehnte sich zu mir hinüber und stützte sich mit der Hand auf meinem Barhocker ab, schielte aufs Display. »Wem schreibst du denn?«

»Wer weiß? Vielleicht meinem Freund?«

Er schmunzelte künstlich. »Du bist keine besonders gute Lügnerin, Mary.«

Ich musste lachen, und er mit mir. Dann bot er mir einen neuen Gin Tonic an.

»Lieber nicht. Ich bin so betrunken, ich fall gleich vom Hocker!«

»Vielleicht will ich das ja gerade: dich vom Hocker hauen! Aber keine Sorge, ich halte dich fest.«

Ich legte meinen Kopf schief, sah ihm tief in die Augen und schmachtete: »Würdest du das für mich tun, Tim? Mich festhalten?«

Als der Blonde den Arm um meine Hüfte legte, hatte ich ihn da, wo ich ihn haben wollte. Ich nahm seine Hand und schob sie sachte in Richtung Hosenbund – direkt an meine Blinddarmnarbe, die für einen Trottel wie ihn sicher auch als Kaiserschnitt durchging. »Na, schon mal einen *f-close* mit einer *MILF* gehabt?«

Er wollte seine Hand gleich wieder wegziehen, aber ich hielt sie noch einen Augenblick lang fest, presste sie an die Narbe, als hätte mich das Leben wie eine beschissene Milchkuh mit einem Brandzeichen markiert. Als ich losließ, sprang der Blonde sofort vom Hocker. »Fuck, wie krank bist du denn drauf?«

Noch ein Kopfschütteln, dann verschwand er wieder an den Tisch mit seinen Freunden, verstört wie ein Kind, das zum ersten Mal im Leben eine Leiche gesehen hatte. Beim Hinausgehen warf ich ihm einen Fünfer auf den Tisch und klopfte zum Abschied aufs Holz. »Tut mir leid, ich hab dir wohl die Masche versaut. Aber hey: Ich bin gespannt auf deinen *field report*!«

Was für ein triumphaler Abgang!

Was für eine Selbsterniedrigung.

Kaum war ich aus der Bar raus, war da plötzlich nur noch Scham. Genau wie früher, wenn ich mich in einen Rausch getrollt, mir allen Frust, allen Selbsthass von der Seele geschrieben hatte und am Ende bloß noch Leere geblieben war. Und doch fehlte es mir, mein Ventil. Allein Jan zuliebe hatte ich seit Februar kein einziges Mal mehr getrollt. Bis dahin hatte ich meine Wut noch halbwegs unter Kontrolle gehabt, nun wusste ich einfach nicht mehr, wohin mit ihr. Anscheinend hatte ich verlernt, die Dinge bloß in mich hineinzufressen. Ich blieb am Hans-im-Glück-Brunnen stehen und zündete mir die Zigarette des Blonden an, die erste seit meiner Schwangerschaft. Schon nach drei Zügen schämte ich mich für den Gestank, den ich nach Hause trug. Als ich mit siebzehn mit dem Rauchen angefangen hatte, war das auch bloß eine dieser kleinen, bescheuerten Rebellionen gegen Papa gewesen. Dabei war ich nie mehr als eine Scheinrebellin gewesen, so Punk wie ein Teenie mit auswaschbarer Haarfarbe und Ansteckpiercing. Sophia, die zieht ihr Ding durch, hieß es immer. Die unberechenbare Sophia mit den verrückten Klamotten und Frisuren. Die, die sich nie festlegen konnte. Die sich immer wieder neu erfand. Was für ein Bullshit! Nichts als Kosmetik, aufgesetzte Rollen. In Wahrheit hatte ich immer funktioniert. Hatte immer getan, was von mir erwartet wurde. War stets die Musterschülerin gewesen, die ich sein sollte, die Vorbildstudentin, die Karrierefrau. Nur ein einziges Mal in meinem Leben hatte ich alle Erwartungen an mich gesprengt, hatte sie alle überrascht und auf dem falschen Fuß erwischt. Ein ultimativer Akt der Rebellion. Und der hieß Max. Ich hatte es so satt, zu funktionieren, und musste es mehr denn je. Ich rauchte die Zigarette in hastigen Zügen herunter und warf sie aufs Kopfsteinpflaster. Dann lief ich, weil die letzte U-Bahn längst abgefahren war, zu Fuß nach Hause und tippte beim Gehen meine Absage an Peter, im

Kopf noch immer den unsäglichen *Mambo No. 5* und diese eine Zeile: *A little bit of Rita's all I need.*

Juli 2015

Drei Uhr nachts. Im Zimmer staute sich Juliwärme, die betrunkenen Studenten auf dem Balkon gegenüber waren aber selbst durchs geschlossene Fenster zu hören. Eben noch hatte der Jan meiner Träume für mich gekocht, Maultaschen und Käsespätzle, und ich hatte ihn gefragt, woher er die Zutaten dafür habe, hier, mitten in Singapur. Er antwortete in viel breiterem Schwäbisch, als er eigentlich sprach, aber ich hörte ihm nicht zu, sondern sah bloß hinaus und wunderte mich über die Skyline. Dann war ich aufgewacht. Jan wälzte sich noch immer im Bett herum und konnte sich ein entnervtes Seufzen nicht verkneifen; leiser zu leiden, war diesmal wohl nicht drin. Den Gedanken an Singapur hatte ich lange verdrängt. Aber in dieser Woche wären wir umgezogen, nun schlich sich das Thema einfach hinterrücks wieder in meinen Kopf. Und Jans Hand unter meine Bettdecke. Zu gerne hätte ich mich schlafend gestellt. Einfach weggedreht. Ein Schnarchen simuliert. Aber das wäre nicht richtig gewesen, nicht in dieser Nacht. Jan konnte nicht schlafen, weil ihn das Vorstellungsgespräch nervös machte; seit Tagen war er deshalb unausgeglichen und fahrig. Sie luden ihn beim *Welzheimer Boten* nun schon zum zweiten Mal ein, die Chancen standen gut genug, dass wir unsere Urlaubspläne fürs Erste auf Eis gelegt hatten, zumal wir ohnehin lieber sparen sollten. Dabei brauchten wir dringend neue glückliche Erinnerungen, von denen wir eine Zeit lang zehren konnten.

Ich nahm Jans Hand und drückte einmal fest zu, *ich bin ja da*. Natürlich wollte er mehr. Er tastete sich mit einem Fuß zu meinen vor und fuhr mit der Hand über meinen Arm, dann hob ich die Decke und ließ ihn sich auf mich legen, spürte seinen Schwanz an meinem Schenkel.

Ihn ausgerechnet jetzt abzuweisen, wäre nicht nur Gift für sein Selbstbewusstsein gewesen, sondern auch nicht fair. Ich war es schließlich, die ihn dazu gedrängt hatte, sich auf eine Stelle zu bewerben, die er eigentlich als unter seinem Niveau erachtete. Mein angebliches *Misstrauensvotum* hatte Jan, in seiner Eitelkeit gekränkt, lange als Verrat empfunden, immerhin sah er sich selbst seit einem halben Jahr auf der Erfolgsspur. Dafür, dass er in manchen Monaten über tausend Euro als freier Journalist verdiente, hatte er hart gearbeitet, nach Abzug von Steuern und Krankenkasse blieb davon am Ende aber trotzdem gerade mal ein besseres Praktikantengehalt übrig. Und so gerne ich ihn auch unterstützte, so leid war ich es auch, mich für seine Ambitionen weiter aufzureiben: Ich hatte mir fest vorgenommen, meine Stelle bei Daimler nach dem Sommer auf siebzig Prozent zu reduzieren, um mehr Zeit für Max zu haben und endlich ausgeglichener zu werden. Der einzige Mensch, dem ich wirklich noch etwas beweisen musste, war ich selbst – und zwar, dass ich lernen konnte, Prioritäten zu setzen.

Ich war nicht feucht genug, also fasste ich mir zwischen die Beine, während Jans Hand unters T-Shirt glitt, meine Brüste berührte. Küsse am Hals, sein Atem an meinem Ohr und trotzdem zu nah an der Nase, ich roch Schlaf und Speichel und den Schweiß in seinem Nacken. Ein kurzes Aufstöhnen, dann war er in mir. Jan biss mir zärtlich in den Hals und ließ dabei zu viel Speichel zurück. Wir waren uns so nah wie lange nicht, befanden uns gedanklich aber nicht einmal im selben Raum. Er machte einfach weiter, als Max im Babyfon aufheulte und nach uns rief. Vielleicht hörte Jan ihn wirklich nicht, vielleicht war er weggetreten und hatte sich in Trance gevögelt. Vielleicht dachte er aber in diesem Augenblick auch einfach nur an sich. Ich rutschte unter ihm weg und stieg aus dem Bett.

Nach meiner Rückkehr aus dem Kinderzimmer brauchten meine Augen etwas, um sich wieder an die Dunkelheit zu gewöhnen, allerdings ahnte ich Jans frustrierten Blick, als ich Max in unsere Mitte legte. »Ich war heute Nacht schon dreimal drin, noch mal gebe ich mir das nicht«, sagte ich leise. »Du brauchst Schlaf. Und ich auch.«

Jan gab Max einen Kuss auf die Stirn und verschwand lange im Bad, vermutlich, um dort zu masturbieren, während ich heimlich unter der Decke mit Max Händchen hielt, damit er schneller wieder einschlief.

Am nächsten Morgen waren wir beide übermüdet und gereizt. Jan ging zwar bereits mit hängenden Schultern zum Bewerbungsgespräch, kam abends aber sogar noch geknickter zurück. Und ich? War dumm genug, ihn dafür auch noch zu bemitleiden.

***

Ich machte einfach die Tür hinter mir zu und warf mich aufs Bett. Presste mir das Kissen an die Ohren, zählte bis zehn, dann bis zwanzig. Wurde kurzatmig, schluchzte. Wie lange konnte ich warten, ohne dass etwas passierte? Wartete ich zu kurz, konnte allerdings auch ich für nichts garantieren. Ich musste mich beruhigen, bevor ich zum Wutbürger zurückkehrte. Sollte er doch das Haus auseinandernehmen. Wichtiger war, dass ich es ihm nicht gleichtat. Dass ich nicht laut oder ungerecht wurde, erst recht nicht handgreiflich. Wichtiger war, dass ich funktionierte. Solange Max schrie, stellte er keinen Unsinn an. Als er mit einem Mal verstummte, packte mich die Panik, und ich eilte zu ihm ins Wohnzimmer zurück. Da lag er: verrotzt und verzweifelt, längst heiser vom vielen Schreien, und drückte sich mit den Füßen vom Boden ab. Er schob sich eine Beinlänge nach der anderen von mir weg, bis er die Wand erreichte. Plötzlich tat Max mir wieder leid. Er wusste ja selbst nicht, was mit ihm los war. Der Schub hielt nun schon seit drei Tagen an. Seitdem war er sofort am Limit, sobald sich etwas, das er sich in den Kopf gesetzt hatte, nicht mit der Realität vereinbaren ließ. Er bekam Schreiattacken beim Spielen und Essen, beim Anziehen und Wickeln – und manchmal ganz einfach aus dem Nichts. Auf einen wie ihn hätten sie früher Exorzisten angesetzt. Zum Glück verschwanden Trotzphasen meist genauso schnell, wie sie kamen, und fast immer konnte Max nach ihnen etwas Neues. Diesmal rechnete ich fest mit Algebra.

Ich trug Max durch die Wohnung und lenkte ihn ab, indem ich ihm Fotos an den Wänden zeigte, die Katze auf dem Nachbarbalkon, den Müllcontainer im Hof. Als er auf etwas deutete und lachte, spürte ich gleich wieder meine Liebe zu ihm. Stockholm-Syndrom, klarer Fall. Fünf Minuten später waren wir beide schon wieder an der Grenze. Max, weil er keine drei Hosen übereinander anziehen konnte. Und ich, weil Jan nach Hause kam. Ich konnte ihm nicht ins Gesicht sehen, nicht nach diesem Anruf. Ihm vor Max eine Szene zu machen, kam nicht infrage. Also scheuchte ich den Wutbürger auf ihn und verschwand in der Küche, ließ meinen Zorn stattdessen am Brotlaib aus, den ich wie ein Holzfäller zersägte. An Schubladen, die ich zurück in den Schrank knallte. An Tellern, die ich klirrend aufs Tablett fallen ließ. »Deinetwegen«, zischte ich im Crescendo. »Deinetwegen, deinetwegen, deinetwegen!«

Ich hörte ihm kaum zu beim Essen. Jan war geradezu euphorisch, bei *Kontext* hatte er endlich seine Reportage über die verbliebenen S21-Gegner verkaufen können, die er seit anderthalb Jahren in der Schublade hatte, aber das war nur das Vorspiel seiner eigentlichen Erfolgsmeldung: eine Anfrage vom *Spiegel*, ob er als Teil eines Reporterteams nach Ungarn reisen wolle, um vor Ort über den Flüchtlingsstrom auf der Balkanroute zu berichten. Dafür müsste ich allerdings – so leid es ihm tue – eine Woche meines Urlaubs opfern.

Mich interessierte das alles einen Scheiß. Das, was er sagte, filterte ich irgendwann bloß noch nach einem einzigen Wort: sieben *Ichs* in drei Sätzen, von denen mich jedes noch wütender machte, *ich*, *ich*, *ich*, *ich*, *ich*, *ich*, *ich*.

Max weigerte sich zu essen und wollte aufstehen. Als ich ihn anherrschte, gefälligst im Hochstuhl zu bleiben, fing er wieder an zu schreien – aber das war besser, als Jan weiter reden zu hören. Wir schwiegen minutenlang, innerlich brüllte ich jedoch noch lauter als unser Sohn: *Immer geht es nur um dich! Deinetwegen sind wir jetzt nicht in Singapur! Deinetwegen muss ich so viel arbeiten, deinetwegen können wir uns trotzdem nichts leisten! Es ist alles deinetwegen, deinetwegen, deinetwegen! Und du? Wagst es auch noch, mich zu belügen!*

Die Sekretärin vom *Welzheimer Boten* hatte Jan am Morgen nur knapp verpasst. Fast wäre auch ich nicht ans Telefon gegangen, weil Max versucht hatte, mit Zahnbürste in der Hand den Hochstuhl zu erklimmen. Ein Fehler: Ich hätte lieber nie von seiner Lüge erfahren. Man wollte Jan nur mitteilen, dass er die vergessene Bewerbungsmappe in ein paar Tagen mit der Post erhalte. Und wie bedauerlich sie es fänden, dass er sich für eine andere Stelle entschieden habe.

Jan musterte kommentarlos das Brot, das ich eher in Fetzen gerissen als geschnitten hatte, und nahm sich die letzte Scheibe Wurst vom Teller.

»Du hättest mich fragen können.«

»Bitte?«

»Ob ich sie vielleicht will. Die letzte Scheibe.«

»Entschuldige. Soll ich dir die Hälfte abschneiden?«

Ich schüttelte den Kopf, seufzte demonstrativ. »Wie großzügig!«

»Was ist denn los mit dir?«

»Ich finde es halt … aufschlussreich. Dass du einfach glaubst, die Wurst stünde dir zu, obwohl ich sie bezahlt habe.«

»Herrgott, seit wann bist du denn so verflucht schwäbisch? Geht es hier wirklich um die Wurst?«

»Und ob es das tut! Wie viel hast du diesen Monat netto verdient, fünfhundert Euro? Dann kannst du dir ja ausrechnen, wie viel dir von dieser beschissenen Wurst zusteht. Und wenn dir das nicht reicht, lieber Jan: Dann such dir gefälligst einen richtigen Job!«

Ich stand auf und ließ Jan einfach am Esstisch sitzen, alleine mit Max, den ich selbst durch die verriegelte Schlafzimmertür noch schreien hören konnte. Ich klappte mein MacBook auf und wieder zu, wusste nicht, wohin mit meiner Wut. Wusste es und durfte nicht. Doch so leicht kam mir Jan nicht davon. Ich würde ihn nicht mit seiner Lüge konfrontieren, die musste er schon selbst gestehen. Aber wozu gab es Stellvertreterkriege? Dass er sich die letzte Wurst vom Teller genommen hatte, war mein persönliches Korea. Dass er sich trotz Heimarbeit nicht genügend in den Haushalt einbrachte: unser Vietnam. Dass er nicht wenigstens jobben ging, scheißegal, ob als Kellner, Taxifahrer oder Postbote, entsprach mindestens Syrien. Im Wohnzimmer wurde es still, doch mein Kopf kam nicht zur Ruhe. Ich sehnte mich so sehr wie nie danach, wildfremde Menschen zu beschimpfen. Aber die konnten ja nichts für meine Wut. Das konnte nur Jan.

8/15

Jetzt gilt es. Die ersten Kilometer bis zum Fuß des Birkenkopfs habe ich absichtlich nicht mit der App erfasst, so kurz nach dem Aufstehen waren meine Gelenke noch zu steif und meine Muskeln noch zu kalt, um eine gute Zeit zu laufen. Noch nach Minuten spürte ich das Ziehen in den Waden, halb gefrorene Filets, die erst wieder biegsam wurden, als die Morgensonne den Waldweg ins kontrastreiche Licht eines Instagram-Filters tauchte. Den untersetzten Mann im verschwitzten Baumwollshirt ließ ich darum auch kampflos an mir vorbeiziehen. Ihn wieder einzuholen, ist nach der wochenlangen Verletzungspause ein idealer Ansporn: eine Herausforderung angesichts des steilen Aufstiegs zum Gipfel, zugleich aber auch ein sicheres Erfolgserlebnis. Der andere ist bereits am Scheitelpunkt der Kurve und damit beinahe außer Sicht, seine Bewegungen sehen jedoch mühsam aus, ein Kampf gegen die Schwerkraft und die Butterbrezeln vom Frühstück. Ich dagegen fühle mich mit jedem Schritt befreiter. Als ich mir den ersten Schweiß des Tages von der Stirn wische, denke ich gar nicht erst daran, meinen Nacken zu schonen und nach vorne zu schauen. Zwischen den Baumwipfeln zu meiner Linken offenbaren sich immer wieder der Panoramablick über den Stuttgarter Talkessel und ein klarer Himmel als Greenscreen für die Einbildung von grenzenloser Freiheit. Das habe ich gebraucht. Seit Sophias überraschender Abreise vor drei Tagen habe ich kaum die Wohnung verlassen und ließ mich, anstatt die freie Zeit zum Arbeiten zu nutzen, zunehmend von meiner Ratlosigkeit lähmen. Rief ich sie an, schien ich Sophia stets zu stören, hielt ich mich aber zurück, wirkte sie bei ihren eigenen Anrufen umso gereizter. Seit unserem Streit vermute ich in allem, was zwischen uns vorgeht, einen Test. Und jedes Mal falle ich durch.

Ein Kilometer in sechs Minuten und drei Sekunden. Die Stimme der App bringt mich für einen Moment aus dem Rhythmus. Ich bin zu langsam, komme dem anderen kaum näher. Bis zum Gipfel des Birkenkopfs, den wir beim Aufstieg spiralförmig umkreisen, bleibt mir nur noch knapp ein halber Kilometer. Den Blick aufs rote Shirt des anderen fixiert, setze ich zum Endspurt an und spüre bald sogar an meinen Schienbeinen den Schweiß an mir hinabrinnen. Schließlich komme ich dem anderen nahe genug, dass ich ihn schnaufen hören, beinahe riechen kann. Den Gefallen, sich von mir in einem dramatischen Fotofinish überholen zu lassen, tut mir der andere aber nicht. Er verringert plötzlich das Tempo und trabt langsam aus. Als ich ihn hinter mir lasse und mich noch einmal zu ihm umdrehe, ist der Mann bereits stehen geblieben und schaut, beide Hände auf die Oberschenkel gestützt, durch beschlagene Brillengläser auf die Stadt. Er sieht zufrieden aus, und wahrscheinlich kann er das auch sein: Von hinten habe ich ihn deutlich jünger geschätzt.

Nach der letzten Biegung sehe ich die ersten Haustrümmer aus dem Boden ragen. Sie wurden nach dem Zweiten Weltkrieg aufgeschüttet und haben dem Monte Scherbelino nicht nur seinen Spitznamen verpasst, sondern ihn auch künstlich um ganze vierzig Höhenmeter anwachsen lassen. Der Platz am Gedenkkreuz ist leer. Keine kletternden Kinder auf den Fassadenbruchstücken, keine vespernden Wanderer auf den Betonblöcken, vor allem keine anderen Läufer, die mir den frühmorgendlichen Triumph streitig machen: Als ich außer Atem zum Stehen komme, gehört mir der höchste Punkt Stuttgarts ganz allein. Ohne mir den Schweiß aus dem Gesicht zu wischen, mache ich ein Selfie vor dem Panorama und lade das Bild sofort bei Instagram und Twitter hoch. Dann setze ich mich auf ein Trümmerteil, die nassen Haare im Wind, und warte schnaufend auf die ersten Benachrichtigungen und meine ausbleibende Euphorie.

Auch darauf, dass Sophia mein Training bei Endomondo likt, warte ich vergeblich – dabei kommentierte sie erst vor wenigen Minuten dasjenige einer Freundin. Ich weiß nicht, was mir mehr Sorgen bereitet: dass sie sich bei Daimler einfach krankgemeldet hat, weil sie, wie sie sagte, ein paar Tage Ruhe brauche – oder dass sie dafür mit Max freiwillig zu ihren Eltern nach Wilhelmshaven gefahren ist. Genau dort müsste auch ich jetzt sein. In Gesellschaft ihres Vaters waren wir uns immer nahe, eine kleine verschwörerische Zelle, die der gemeinsame Feind zusammenschweißte. Vielleicht würden wir uns in Norddeutschland schnell wieder zusammenraufen, alleine schon, um ihrem Vater nicht die Genugtuung zu geben, im Recht zu sein. Stattdessen sind wir nun gespaltener als die Judäische Volksfront und die Volksfront von Judäa – ein Witz, über den Sophia bis vor Kurzem sicherlich gelacht hätte, momentan aber vermutlich keine Miene verziehen würde. Obwohl sie dort bereits online war, frage ich sie auf WhatsApp: *Bist du schon wach?*

Auf mein Selfie haben derweil die üblichen Verdächtigen reagiert, Blogger und Journalisten, die mir seit der Veröffentlichung von *Am Kipppunkt* folgen, sowie ein paar Dutzend Unbekannter, die vom Hashtag #stuttgart angelockt wurden.

Aber da ist noch ein anderer.

Jemand, der meinen Namen trägt.

Ein *Jan_Lorenz* hat mein Foto bei Twitter geteilt und kommentiert. Der Account mit meinem gespiegelten Profilfoto ist offenbar neu. Keine Follower, keine Tweets – bis auf diesen einen: *Ich bin ein Betrüger*. Mir bricht der gerade erst getrocknete Schweiß wieder aus. Aus Reflex springe ich sofort auf und spüre den Drang, mich zu bewegen, anstelle von Endorphinen ist da plötzlich bloß noch Adrenalin. Mein Kreislauf zwingt mich gleich wieder in die Hocke, ich stütze mich auf einen Betonklotz und presse die Finger an meine Stirn, als könnte ich das Schwarz, das sich über meine Augen zu legen droht, mit Druck zurückhalten. Ich lege mich hin und die Beine hoch, zähle bis zehn, bis zwanzig, nehme dann das iPhone wieder in die Hand, um das zu melden. Mit feuchten Fingern ist der Touchscreen jedoch kaum zu bedienen. Ich versuche, die Schlieren an meinen verschwitzten Klamotten zu trocknen, wische das Display erst an meinem Shirt und dann an meiner Hose ab, mache das iPhone dadurch aber bloß noch nasser. Um mich zu beruhigen, atme ich langsam und tief durch. Wozu die Panik? Den Fake-Account kann ich auch in ein paar Minuten noch melden, kein Grund zur Eile. Es ist bestimmt bloß ein Bot. Lästiger, aber harmloser Spam – nichts weiter als ein Zufallstreffer. Trotz meines leeren Bauches muss ich aufstoßen. Fast ein halbes Jahr ist seit dem Trollterror vergangen, doch noch immer gleicht mein Nervenkostüm einem Blatt Papier, das, einmal zerknüllt, nie wieder ganz eben wird.

Als meine Finger endlich trocken sind, melde ich *Jan_Lorenz* mit wenigen Klicks als Spam und blockiere dessen Account. Ein Klacks. Weil das Display kurz darauf erneut aufleuchtet, wird mir gleich wieder flau. Es ist bloß Sophia: *Klar. Ruf an, wenn du zurück bist.*

***

»Ein bisschen steil für den Wiedereinstieg, findest du nicht? Aber immerhin warst du vernünftig genug, nicht gleich so lange zu laufen.«

»Mehr war vor dem Frühstück auch nicht drin«, sage ich, ohne meine beiden Aufwärmkilometer zur Sprache zu bringen. Zum Glück kann Sophia nicht sehen, wie ich meine Schienbeine mit angebundenen Gelpackungen kühle, um neuen Entzündungen vorzubeugen. »Die Sophia meiner Träume ließ Max letzte Nacht übrigens auf Stelzen zur Kita laufen. Wir kamen kaum hinterher!«

»Du hast's gut. Um zu träumen, hatte ich leider zu wenig Schlaf. Max war ab halb drei fast zwei Stu-«

Der Rest ihrer Antwort bleibt irgendwo zwischen Stuttgart und Wilhelmshaven auf der Strecke. Sophias Gesicht ruckelt asynchron zu den Stimmfetzen und verharrt für einige Sekunden in einem unvorteilhaften Standbild mit halb geöffneten Augen und schiefem Mund. Sie sieht anders aus seit Mittwoch. Die Haare sind kürzer, im Braun ein leichter Rotstich. Als ihre Bewegungen auf meinem MacBook wieder flüssig werden, scheint Sophia, die Stirn noch immer gerunzelt, auf eine Antwort zu warten.

Ist sie gereizt oder bilde ich mir das nur ein? Seit unserem Streit, der eigentlich als abgehakt gilt, fällt es mir schwer, aus ihrem Gesicht zu lesen. Sophias Bemerkung zur letzten Nacht ließe sich als einfache Information unter Eltern, genauso gut aber auch als Vorwurf interpretieren. Meinen Traumbericht hätte sie früher allerdings auf jeden Fall weitergesponnen. Womöglich ist sie noch nicht bereit, sich wieder auf unsere vertrauten Paarspiele und Insider einzulassen; vom Jan ihrer Träume habe ich zum ersten Mal in unserer Beziehung nicht die geringste Ahnung. Vielleicht ist das besser so, schließlich komme ich schon in Sophias Realität derzeit nicht besonders gut weg. »Entschuldige, unsere Verbindung ist gerade schlecht. Hast du was gefragt?«

»Ob du bei deinen Artikeln vorankommst.«

Ich zögere, umso dankbarer bin ich deshalb für das plötzliche Rauschen im Babyfon und den Aufschub.

Sophia stellt ihr iPad aufs Sofa, um Max aus dem Kinderzimmer zu holen. Durchs Babyfon kann ich hören, wie Sophia, die Stimme plötzlich gelöster und um eine Oktave höher, unseren Sohn aus dem Bett hebt. Dann höre ich nur noch die Wanduhr, deren Ticken ich allzu gut als Hintergrundgeräusch unangenehmer Schweigepausen zwischen ihrem Vater und mir kenne. Wenn gesprochen wird, gibt ohnehin zumeist Antoine die Themen vor, Themen, die in der Regel allein ihn interessieren. Nie fragt er nach, wie ich vorankomme, nie liest er Artikel, die ich veröffentlicht habe. Antoine hat weder Verständnis noch Respekt für meine Arbeit als freier Journalist. Anders war es immer bei Sophia: Sie hat mich immer unterstützt, immer an mein Talent geglaubt. Umso ratloser macht mich deshalb auch ihre plötzliche Kehrtwende. Aus heiterem Himmel setzte sie mir die Waffe auf die Brust und verlangte von mir, mehr Geld nach Hause zu bringen. Vor einem halben Jahr hätte ich das sogar noch verstanden, aber jetzt, da ich mir endlich einen Namen gemacht habe, eventuell sogar für den *Spiegel* schreiben darf, wirkt ihre Forderung geradezu abstrus. Trotzdem hätte ich mich während des Streits nicht zum nuklearen Erstschlag hinreißen lassen dürfen und ihr den einen Satz an den Kopf werfen, den Sophia niemandem, wahrscheinlich nicht einmal Gandhi höchstpersönlich verzeihen könnte: »Du hörst dich an wie dein verdammter Vater!«

»Sag Hallo zu Papa!«

Max sitzt auf Sophias Schoß, noch immer im Schlafsack, in dem ich ihn gerne »meine kleine Raupe« nenne, und reibt sich die Augen. Nach dem Aufwachen braucht er meist einige Minuten, um wieder ganz da zu sein, ein Schwebezustand zwischen Quengeln und Quatsch, in dem er mehr noch als sonst Nähe sucht und nicht selten wieder wegdöst. Wie immer, wenn ich ihn länger als ein paar Stunden nicht gesehen habe, bin ich gerührt davon, wie perfekt er ist. Am liebsten hätte ich seinen noch schlaffen Körper an mich gedrückt und das Gesicht in den schlafwarmen Nacken geschmiegt, um an ihm zu riechen. Als Max mich erkennt, strahlt er. Dann greift er nach dem iPad und dreht es zur Seite, enttäuscht, dass sich sein Vater nicht hinter dem Bildschirm verbirgt. Während ich zu ihm spreche, ihm sage, wie sehr er mir fehlt und dass wir bald wieder zusammen Quatsch machen können, hält Max das Tablet mit beiden Händen viel zu dicht ans Gesicht. Abwechselnd bekomme ich verrotzte Nasenlöcher, Grimassen in Nahaufnahme und die holzvertäfelte Decke zu sehen, manchmal aber auch das gequälte Lächeln von Sophia, die Mühe hat, unseren zappelnden Sohn auf dem Schoß zu halten. Immerhin: Sie lächelt.

»Authien!«

Max fummelt unbeholfen am Reißverschluss seines Schlafsacks herum und schlüpft, als Sophia ihn öffnet, mit nackten Füßen heraus. Kaum berühren sie den Boden, flitzt er davon wie eine Aufziehmaus. Sophia kann ihm kaum mit der Kamera folgen. Nacheinander schleppt er Spielzeuge an, um sie mir zu zeigen – »Kumma, Papa!« –, verliert dann aber schnell wieder das Interesse daran und versucht stattdessen, auf reifliche Überlegung verzichtend, kopfüber in eine Puppenwiege zu klettern. Sophia springt sofort auf und lässt das iPad ins Kissen fallen. Ich höre Max empört aufschreien, sehe aber nur noch einen schwarzen Bildschirm. Als Sophia wieder im Bild ist, schreit Max im Hintergrund weiter.

»Ich glaube, es macht keinen Sinn mehr«, sagt sie in die Kamera und sieht auf eine Art müde aus, die mich beunruhigt.

»Wahrscheinlich hast du recht. Lass es uns nachher noch mal versuchen.«

»Wir sind den ganzen Tag unterwegs, abends kommt mein Onkel. Wir telefonieren morgen, okay?«

»In Ordnung. Ich freue mich auf euch!«, sage ich und füge, ehe Sophia das Gespräch beenden kann, schnell hinzu: »Ach, du wolltest doch wissen, ob ich gut vorankomme – es läuft super!«

Sophia lächelt, ohne dass sich ihr Gesicht dabei aufhellt. »Das freut mich.«

Als ich mein MacBook zuklappe, hole ich so tief Luft, bis ich einen Druck im Brustkorb spürte. Ich habe sie vollkommen ohne Not angelogen. Aber womöglich war es der passende Schluss für ein Gespräch, das bereits mit einer Lüge begonnen hatte: In Wahrheit hat mich die Sophia meiner Träume nämlich letzte Nacht mit Max verlassen.

Ich beuge mich vornüber, um die längst warm gewordenen Gelpackungen von meinen Beinen zu lösen, und schmeiße sie neben den Sofatisch mit den leeren Bierflaschen, den Pizzaresten im Karton und einer Untertasse voller Zigarettenstummel, die mich von alldem sicher am meisten beschämen; allem Frust zum Trotz sollte ich alt genug sein, um mich nicht zu einer solchen Dummheit hinreißen zu lassen. Mein schlechtes Gewissen über den letzten Abend und die Unordnung, die ich in nur drei Tagen geschaffen habe, spricht Bände. Offenbar bin ich einfach nicht mehr imstande, Sophias Ansprüchen zu genügen. Ihr abweisendes Verhalten überfordert mich, dabei habe ich sie in den letzten Jahren oft genug frustriert und unzufrieden erlebt. Seit Max' Geburt erinnert mich Sophia an eine Autofahrerin, die permanent mit Lichthupe fährt; niemand hört jedoch, dass sie hinterm Steuer in Wahrheit über sich selbst flucht. Vielleicht ist es ja das, was sie will: dass ich genauso unzufrieden bin wie sie. Einen Leidensgenossen. Anders ließe sich kaum erklären, warum ihr die Sache mit dem verdammten *Welzheimer Boten* so wichtig war. Mein erster Besuch in den Redaktionsräumen war bereits so ernüchternd, dass ich mich beim Vorstellungsgespräch kaum ins Zeug legte. Bei der zweiten Einladung bekam ich dagegen geradezu Platzangst. Schuhkartonkleine Büros mit niedrigen Decken und beim Blick aus dem Fenster kaum mehr zu sehen als die Wand des Nachbarhauses, ganz zu schweigen von den Scheuklappen und dem begrenzten Horizont der angestellten Dorfredakteure. Nicht einen Tag hätte ich es dort ausgehalten. Die Zusage am Ende des Gesprächs erschütterte mich so sehr, dass ich mich unter dem Vorwand, meinen Zug kriegen zu müssen, fast fluchtartig verabschiedete und anschließend eine ganze Stunde am trostlosen Provinzbahnhof warten musste. Nach dem vierten ICE, der am Gleis vorbeirauschte, ohne zu halten, stand meine Entscheidung fest. Die »Absage« vom *Welzheimer Boten* hat Sophia allerdings ernsthaft enttäuscht, und das war für mich wahrscheinlich die schmerzhafteste Niederlage von allen: dass sie den Glauben daran verloren hat, ich könne mehr erreichen als *das*. Eigentlich sollte ich wütend auf sie sein, nicht umgekehrt. Sie ist es, die drauf und dran ist, mir die größte Chance meiner Karriere zu verbauen, weil sie mich mit ihrer Entscheidung, ob ich für die *Spiegel*-Reportage nach Ungarn reisen darf, weiter hinhält.

Ich stütze meine Ellenbogen auf die Oberschenkel und den Kopf auf meine Hände, spüre, wie dessen Gewicht die Knochen in meine Beine bohrt. Immer wieder schiele ich zwischen meinen Handgelenken auf die Zigarettenschachtel am Tischrand. Die Versuchung ist groß. Gleich daneben sehe ich mehrmals mein Handy aufleuchten, erst vereinzelt, dann immer häufiger. Auch mein Herz beginnt zu rasen, fast im Gleichtakt zum blinkenden Bildschirm, bilde ich mir ein. Ich beiße mir auf die Unterlippe und greife nach dem iPhone. Im Sekundentakt treffen Benachrichtigungen von Twitter ein. Siebzehn neue Follower, seit ich zuletzt aufs Display geschaut habe. Achtzehn. Neunzehn. Nur Augenblicke später springt die Anzahl aktueller Mitteilungen schlagartig auf dreiundvierzig. Sämtliche Profile, die ich öffne, sind Fakes. Accounts ohne Content, ganz offensichtlich im Paket gekauft. Nur Betrüger sind so dämlich, sich mit falschen Followern zu schmücken. Plötzlich fühle ich mich wie ein Flugzeug nach dem Strömungsabriss – mit meinem Magen als ungesichertem Gepäck. Binnen weniger Minuten kommen ganze fünfhundert neue Follower bei Twitter hinzu. Fünfhundert Profile, die ich alle einzeln blockieren muss – das wird mich eine Stunde kosten, mindestens. Und eine Behandlung beim

Sehnenscheidenspezialisten. Mein MacBook aufzuklappen, kostet mich so viel Überwindung wie das Anfassen eines Elektrozauns. Und das zu Recht: Das Mailprogramm stürzt unter der Last unzähliger eingehender Nachrichten sofort ab. Minutenlang starre ich fassungslos aufs drehende Wartesymbol, auf eingefrorene Apps und den hängenden Cursor. Nach einem erzwungenen Neustart dann endlich der Blick in den Browser – und der Schock: über zehntausend neue Likes für meine Facebook-Seite. Am Morgen waren es noch zweihundertsechsundfünfzig Fans, von denen ich die meisten persönlich kenne. Jetzt folgen dem Journalisten Jan Lorenz auf einmal »Menschen« aus aller Welt, deren Schöpfer sich nicht einmal die Mühe machte, ihnen individuelle Profilbilder zu verpassen. Manche Gesichter sind zu Dutzenden vertreten, etliche andere verwenden noch immer den voreingestellten Platzhalter, eine Armee ausdrucksloser Scherenschnitte, die wie feindliche Invasoren auf mein Profil zustürmen. Ich beiße mir in den Arm, um nicht zu schreien. *Ich bin ein Betrüger.* Irgendjemand will mich gezielt unglaubwürdig machen. Meine Accounts und Seiten zu löschen, kommt nicht infrage, also bleibt mir nichts anderes übrig, als die Sache wie beim letzten Mal ganz einfach auszusitzen. Und bis dahin jeden Like einzeln zu entfernen. Nur, wer hindert den Troll daran, gleich im Anschluss die nächsten fünftausend Zombies auf meine Seite zu hetzen? Ich klappe mein Notebook zu und presse die Hände vors Gesicht. Dann atme ich so tief aus, bis mir der Brustkorb schmerzt und von dem »Fuck«, das ich wieder und wieder vor mich hinflüstere, bloß noch die Konsonanten übrig bleiben. Seit

Mitte Februar war alles ruhig, zuletzt habe ich kaum noch daran denken müssen. Doch jetzt ist plötzlich alles wieder da: die Erinnerung an den kalten Januarabend in Dresden, an all die aufgestaute Wut im Vorfeld, die den Zwischenfall dort überhaupt erst möglich machte. Und nicht zuletzt die Angst, dass meine Lüge am Ende vielleicht doch noch ein Nachspiel haben könnte.

***

Ich bestelle am Tresen ein Bier, mein drittes, und zünde mir nach einigem Zögern nun doch eine Zigarette an. Ich brauche dringend etwas, um runterzukommen. Fast drei Wochen haben mich die Trolle im Winter gequält, ohne von der offenen Wunde zu ahnen, in der sie dabei stocherten. Nun ist die Angst plötzlich zurück und zusammen mit der Fallhöhe sogar noch einmal gestiegen. Inzwischen habe ich deutlich mehr zu verlieren.

Ich brauche über drei Stunden, um meine von Fake-Accounts überrannten Profile wieder aufzuräumen. Von den ständig gleichen Handbewegungen am Computer zittern meine Finger noch immer, und auch sonst fühle ich mich, obwohl der Troll seit dem Morgen nicht mehr nachgelegt hat, nervös und flatterig. Die Angst verfälscht meine Wahrnehmung wie ein Zerrspiegel: Auf dem Hinweg zur Kneipe schienen mich all die Familien und jungen Paare auf den Straßen mit ihrem demonstrativ zur Schau gestellten Glück zu verhöhnen. Jeder Bargast mit Smartphone in der Hand ist in meiner Vorstellung längst im Bilde und hält mich für einen Betrüger, das Lachen am Kickertisch gilt natürlich mir allein. Selbst der Zeitschriftenständer wirkt wie eine Pointe auf meine Kosten. Auf der Titelseite der *Stuttgarter Zeitung* prangt der orangefarbene Kopf von Donald Trump, ein waschechter Twitter-Troll, der es gerade zum republikanischen Präsidentschaftskandidaten gebracht hat. Die Botschaft ist klar: *Wir gewinnen!* Gleich darunter entdecke ich die neue Ausgabe von *Kontext* mit meinem Artikel aus der Schublade über Stuttgart 21. Während ich die Onlineversion am Mittwoch sofort auf allen Kanälen teilte, habe ich mein Belegexemplar an diesem Morgen nicht einmal aus dem Briefkasten holen wollen – zu sehr erinnert mich meine damalige Recherche an Markus Schneider und die Angst, nun doch noch entlarvt zu werden.

Ich bohre die Fingernägel in meine Faust und entspanne diese wieder, drücke dann erneut zu. Es kostet mich Überwindung, das iPhone aus der Tasche zu ziehen. Immer wieder nestele ich an der losen Naht der Lederhülle herum, nehme das Telefon in die Hand und lasse dann doch wieder los. Als ich es endlich wage, das Display zu entsperren, halten sich Erleichterung und Enttäuschung die Waage. Keine neuen Benachrichtigungen. Das heißt: auch von Sophia nicht. *Du fehlst mir*, schreibe ich über WhatsApp und drücke meine Zigarette aus. Zur Ablenkung sehe ich mir Handyvideos von Max an. Zeitrafferclips, in denen er auf allen vieren das halbe Bücherregal ausräumt. Seine ersten Schritte und der Versuch, in meinen viel zu großen Schuhen zu laufen. Grimassenschneiden vor der Kamera und die Hände voller Spaghetti, Erfolgserlebnisse mit Schwimmflügeln. Wann immer Sophia im Bild ist, spüre ich einen Stich. Als sie mit Max schwanger wurde, spielte ich kurz mit dem Gedanken, ihr einen Antrag zu machen, ließ es dann aber bleiben – ich wusste ja, wie sie zur Ehe steht. Aber vielleicht hätte ich sie überzeugen können. Vielleicht hätte sie Ja gesagt. Und vielleicht, ganz vielleicht, hätte ich dann jetzt ein kleines bisschen weniger Angst davor, dass mich Sophia, sollte der Troll meine Lüge öffentlich machen und damit meine Karriere ruinieren, fallen lässt und ich alles, wirklich alles verliere. Und das bloß wegen eines einzigen, dummen Fehlers.

Ich bestelle mir einen Whisky und nehme, anstatt genussvoll daran zu nippen, gleich einen großen Schluck. Die blauen Häkchen bei WhatsApp verraten mir, dass Sophia meine Nachricht in Wilhelmshaven gelesen hat; sie ging jedoch einfach wieder offline, ohne zu antworten. Dafür habe ich drei neue Benachrichtigungen bei Twitter. Zwei harmlose Likes – und eine Reply zu meinem geteilten *Kontext*-Artikel: *ALS ob dir noch jemand glauben würde, du Betrüger! #fake #hochstapler #habdich*

Mir stößt sofort der Whisky auf, ich lösche das Brennen am Gaumen mit einem Schluck Bier. Wie heute Morgen auf dem Gipfel ist es ein neu eingerichtetes Profil ohne weitere Tweets, diesmal jedoch mit dem unverfänglichen Namen *Mona23*. Das ist kein Zufall mehr. Gut möglich, dass die Flüchtlingskrise bloß einen rechten Nachzügler auf mich gehetzt hat, andererseits scheint es nun allein um mich zu gehen, um meine Glaubwürdigkeit.

Ich aktualisiere meinen Feed. Acht neue Benachrichtigungen, allein sieben von *Mona23*. Gleich sechs ältere Beiträge von mir hat »sie« retweetet, jedes Mal mit demselben Vorwurf vom Morgen: *Ich bin ein Betrüger*. Ich muss erneut aufstoßen, verschaffe mir damit aber keine Erleichterung. Mein Magen ist aufgebläht und überreizt, die Speiseröhre wie verätzt von der hochschießenden Säure. Ich blockiere den Account, mehr kann ich nicht tun. Weil meine Hände zittern, fasse ich mir links in die Hosentasche und kralle meine Nägel so tief ins Bein, wie ich kann. Mit der rechten Hand halte ich mich am Bier fest, die Fingerkuppen ganz weiß vor Druck. Kaum habe ich ausgetrunken, bestelle ich ein neues. Diesmal gleich einen ganzen Krug, ein dünneres Glas würde mir vermutlich ohnehin bloß in der Hand zerspringen.

Es ist bereits halb eins, nach Hause will ich allerdings noch lange nicht. *Don't feed the troll*: Ich bin fest entschlossen, mich meinem nicht zum Fraß vorzuwerfen und die Angriffe wie im Winter ganz einfach auszusitzen. Was hat der Troll denn getan? Bislang war es doch kaum mehr als ein Streich, eine Provokation. Wenn er wirklich über Dresden Bescheid wüsste, hätte er doch viel deutlichere Hinweise gestreut. Oder? In Wahrheit habe ich aber bloß Angst vor der leeren Wohnung, davor, die ganze Nacht wach zu liegen und auf mein Handy zu starren. Und vor meiner Reaktion, wenn der Troll nicht nur blufft, sondern tatsächlich etwas gegen mich in der Hand hat. Ich fühle mich wie damals in Berlin, als ich versehentlich in eine Steckdose fasste und aus Panik vor Spätfolgen die ganze Nacht auf den Beinen war, nur um nicht allein zu sein.

Weil der Barkeeper den Ventilator am Ende des Tresens in meine Richtung dreht, streiche ich mir aus Reflex durchs Haar und ziehe die Hand erschrocken zurück. Sie ist tropfnass. Deshalb muss ich sie erst an meiner Hose abwischen, um das abermals aufleuchtende iPhone zu entsperren. Eine Freundschaftsanfrage auf Facebook samt Nachricht von einem *Special Agent Joseph Shea* – mit Tom Hanks als Profilbild: *Und, suhlst du dich schon in Selbstmitleid? Darin bist du doch so gut, Lorenz. Mensch, jetzt hast du dein kleines Schmierentheater ja noch immer nicht gestanden!*

Es fällt mir schwer, nicht vor den anderen Gästen die Fassung zu verlieren. Anstatt brüllend durch die Kneipe zu wüten, Gläser an die Wand zu schmettern oder Stühle zu zertrümmern, beiße ich mir lediglich auf die Zunge – so fest allerdings, dass ich Blut schmecke. Ich muss jetzt ruhig bleiben. Und meine Accounts überprüfen, alle. Nichts Neues bei Twitter. Auf meiner Facebook-Seite ist alles still geblieben, bei Instagram auch. Aufatmen. Mails checken. Zusammenzucken. Eine Nachricht von Gmail: *Jemand kennt Ihr Passwort*. Es sei eine verdächtige Anmeldung unterbunden worden. *Bitte überprüfen Sie die genutzten Geräte und ändern Sie gegebenenfalls Ihr Passwort.*

Als der Troll wieder etwas tippt, stockt mir der Atem. *Schlüpfst für deine Recherchen gern in andere Rollen und schlägst nachher daraus Profit, was? Allen hast du was vorgemacht – aber bald wird jeder dein schmutziges kleines Geheimnis kennen. Bist du bereit für DEINE kalte Dusche, du Schwindler?*

Die Panik kommt plötzlich: grellweißes Gleißen in meinem Kopf und ein bohrendes Sirren in den Ohren. Schweiß am ganzen Körper, Kurzatmigkeit, Hörverlust. Der Barkeeper sagt etwas zu mir, aber ich höre ihn so dumpf, als ob mich gerade jemand mit einem Kissen erstickte. Ich antworte aus Reflex, verstehe aber meine eigene Stimme nicht.

Kurz fürchte ich, das Bewusstsein zu verlieren, dann wird mir schlecht. Beim Abstieg vom Barhocker scheint der Alkohol, als ob er sich bis eben noch in den abgeknickten Beinen gestaut hätte, plötzlich in meine Füße zu schießen. Ich torkele zwei, drei Schritte nach vorn und bekomme meine Koordination erst kurz vor dem Klo wieder in den Griff. Ich schaffe es nicht rechtzeitig in die Kabine und erbreche mich mit so starkem Druck ins Waschbecken, dass mir die Kotze zurück ins Gesicht, ans Hemd, in meine Haare spritzt.

Keine zwei Minuten später stehe ich draußen vor der Tür und ziehe so gierig an einer Zigarette, dass ich mich schon nach wenigen Zügen an der Lippe verbrenne. Ich seufze tief, beinahe theatralisch. Tatsächlich brauche ich die Luft jedoch, andernfalls ist meine Lunge so kraftlos und schlaff wie ein alter, poröser Ballon. Nichts an der drückend-warmen Nachtluft ist erfrischend, vielmehr fühle ich mich wie in eine Sauna gesperrt, an deren Tür sich der Schemen meines Peinigers abzeichnet. Ich muss mich bewegen, irgendetwas gegen meine Unruhe tun. Als ich loslaufe, stolpere ich jedoch in einem fort und fühle mich auf der Königstraße, auf der mir immer wieder lautstarke Betrunkene in Gruppen entgegenkommen, eigenartig verletzlich. Meine Unsicherheit setzt mir so stark zu, dass ich mich zwei Polizisten, die aus einer Querstraße einbiegen, mit etwas Abstand an die Fersen hefte und ihnen am Ende der Einkaufsstraße durch die Unterführung bis wieder hinauf zum Hauptbahnhof folge.

Ich laufe unter den Arkaden ums Gebäude herum, vorbei am mit Protestnoten zuplakatierten Bauzaun vor dem Nordeingang. Entlang der Straße vor der Baustelle gibt eine panoramabreite Visualisierung des fertiggestellten Projektes eine Vorschau auf die strahlend helle, makellose Zukunft: Unter blauem Himmel flanieren perfekte und glückliche Menschen zwischen den Glaskuppeln des neuen Tiefbahnhofs. Nur einen Schritt weiter kann ich einen Blick in die dunkle Baugrube werfen, sehe den Schutt, das schwere Gerät, das klaffende Loch im Herzen von Stuttgart, das am Ende so viel mehr Zeit und Geld verschlungen haben wird als geplant, dass jede Rechtfertigung für das Projekt inzwischen bloß noch nach schaler Pflichterfüllung klingt. Aber es gibt kein Zurück mehr, der Point of no Return ist längst erreicht.

Ich will alleine sein, im Dunkeln, die vorbeifahrenden Autos und Passanten auf der anderen Straßenseite machen mich nervös. Also klettere ich über die Absperrung und setze mich auf der Terrasse oberhalb der Grube hinter einem Stapel Betonklötze in den Dreck. Ich weiß jetzt, was ich tun muss, habe keine andere Wahl. Zuerst schreibe ich Sophia: *Ich habe dich heute Morgen angelogen. Mir geht es schlecht. Sehr sogar.*

Selbst mit verringerter Helligkeit blendet das Handydisplay meine Augen, als ich anschließend meinen Facebook-Messenger öffne und so schnell tippe, dass ich es mir nicht mehr anders überlegen kann: *Was verlangst du von mir?*

Öffentlich hat der Troll bislang alle entscheidenden Informationen zurückgehalten. Entweder benutzt er also meine Avatare wie virtuelle Voodoopuppen und genießt es bloß, mich zu quälen, oder er will in Wahrheit mit mir verhandeln, gefüttert werden. Nach einigen Minuten endlich eine Antwort: *Die Wahrheit. Ein öffentliches Geständnis.*

Sofort kehrt die Panik zurück. Ich springe auf und laufe nervös auf der schmalen Terrasse umher, ziehe geometrische Muster in den Staub. Das dunkle Loch vor mir wirkt plötzlich so unheimlich und bedrohlich, dass mir schwindelig wird; ich richte meinen Blick stattdessen auf die versprengten Lichter in Halbhöhenlage, auf die beleuchteten Kräne, auf den Mercedes-Stern über dem Bahnhofsturm. Das Adrenalin lässt mich immer schneller gehen, lauter als meine Schritte ist nur das Rauschen hinter meinen Schläfen.

Schließlich tippe ich: *Aber ich kann alles erklären!*

– Hast du wirklich geglaubt, dein Schwindel hätte keine Konsequenzen? Dass du einfach so davonkommst?

– Das würde mich ruinieren! Ich würde alles verlieren: meine Karriere, meine Familie!

– Tja, dann hast du das ja offensichtlich verdient. So 1 Pech!

Ich lasse meiner Wut freien Lauf und brülle so laut »Fuck«, dass es aus der Baugrube zurückhallt. Als ich weitertippe, muss ich mich wegen des Alkohols und meiner zitternden Finger immer wieder korrigieren. *Ich durfte nicht aus meiner Rolle fallen, dann wäre ich ganz genauso zusammengeschlagen worden. Es war ein Unfall, eine Verkettung unglücklicher Zufälle. Ich wollte nicht, dass so etwas passiert!*

Es dauert lange, bis der Troll zurückschreibt. Die Kürze seiner Antwort macht mich ratlos: *Interessant …*

Ich schwitze so stark, dass sich kaum eine Stelle an meinen Klamotten finden lässt, an der ich mir noch die Hände abwischen kann. Beim Versuch, mir die Finger an den Betonklötzen zu trocknen, werden sie bloß schmierig vor nassem Staub. *Gib mir eine Chance. Es muss doch irgendetwas geben, das ich tun kann. Bitte!*

Fast zwei Minuten warte ich auf die Antwort. *Absolution hat ihren Preis. Der in diesem Kontext übrigens ziemlich genau bemessen ist: 11.253 Euro.*

Ich bin fassungslos. Das alles ist also nichts weiter als eine miese Erpressung, es geht nur um Geld! Aber eben auch: um meine Zukunft, meine Familie, mein Leben.

– *Wo soll ich das hernehmen?! So viel Geld habe ich nicht mal im Ansatz!*

Ich schließe die Augen und atme so tief ein, bis mir das Brustbein schmerzt. Dann lese ich: *Bitte doch um Spenden … 11.253 €. Das ist mein letztes, mein *einziges* Angebot. Billiger kommt dich nur die Wahrheit.*

Die Panik wirft mich wie Fliehkraft aus der Bahn und setzt eine Energie frei, die ich nicht kontrollieren kann. Ich reiße mir mit aller Kraft an den Haaren und ruckartig den Kopf in den Nacken, beiße mir erst in den Unterarm und dann in die Hand, schlage mit der anderen so heftig gegen den harten Beton, dass meine Knöchel bluten und mich der Schmerz aufschreien lässt. Ich muss dringend etwas kaputt machen, aber da ist nichts, keine Scheibe, die ich einschlagen, keine Tür, die ich eintreten kann, nichts, das ich vor Verzweiflung schmeißen oder zerschmettern könnte. Es gibt bloß den blanken, harten Beton und meine Knochen. Immer wieder trete ich gegen die Klötze, so lange, bis mein Fuß taub ist vor Schmerz, schließlich greife ich zum Handy und schleudere es mit aller Wucht in die Grube; es prallt mit einem dumpfen metallischen Knall gegen eine Baggerschaufel und landet anschließend im Schutt. Dann sinke ich auf die Knie und kann mich nicht dagegen wehren zu schluchzen, ich ringe um Luft und halte die Arme dicht um meinen zuckenden Oberkörper, heule laut wie zuletzt als Kind. Es ist aus. Jetzt gibt es wirklich keinen anderen Ausweg mehr.

August 2015

Eine Katze! Mehr habe sie ja nicht. Jule meinte das ernst, sie beneidete mich wirklich. Natürlich hat man mit Kindern mehr vom Leben: die Stunden zwischen vier und sechs zum Beispiel – die hätte ich an diesem Morgen doch glatt verschlafen ohne Max. Aber das sagte ich nicht. Stattdessen nahm ich Jule in den Arm und tröstete sie. Was brachte ihr die ganze Freiheit, wenn sie mit ihr nichts anzufangen wusste? Eine Woche Urlaub auf Föhr war alles, was sie und Torben sich in diesem Jahr gegönnt hatten, verrücktere Pläne als ein gemeinsames Ferienhaus mit den Eltern in Schweden schmiedeten sie nie. Ebenso wenig kam ein Jobwechsel infrage, ganz im Gegenteil: Sie hoffte noch immer auf die Sicherheit einer Beamtenstelle. Seit ihrem Referendariat bekam Jule bloß Stellen als Vertretungslehrerin zugewiesen. Aktuell pendelte sie täglich zwischen zwei Schulen am jeweils anderen Ende der Stadt, verdiente als Angestellte aber für dieselbe Arbeit deutlich weniger als ihre verbeamteten Kollegen. In den Sommerferien wurde sie entlassen und musste sich arbeitslos melden, ohne zu wissen, ob sie im kommenden Schuljahr wieder gebraucht wurde. Ein Baby würde ihre Chance auf Verbeamtung genauso schmälern wie die Behandlung ihres Bluthochdrucks. Zu guter Letzt fühlte sich auch Torben noch lange nicht dazu bereit, schon Vater zu werden. Deshalb musste Jule warten, obwohl sie sich nichts sehnlicher wünschte, als endlich ein Kind zu bekommen.

Ein spätes Geständnis, nachdem sie mir einen Vormittag lang beim Brunchen von ihrem ausgefüllten Leben erzählt hatte, ihre Erleichterung darüber, dass ich Max bei meinen Eltern gelassen hatte, aber kaum verbergen konnte. Unser Wiedersehen war nett, solange wir von früher sprachen und über alte Insider lachten; in der Gegenwart angekommen, gingen uns jedoch schnell die Gemeinsamkeiten aus. Zu lange lebten wir nun schon auf anderen Planeten. Erst beim Abschied brach es aus Jule heraus: wie abgehängt sie sich fühle. Und dass sie Angst davor habe, mich ohne Kind als Freundin zu verlieren. Sie tat mir leid. Jule wäre sicher eine fantastische Mutter. Anders als ich hatte sie sich schon immer gut einer Sache verschreiben können. Kein Jahr, in dem sie nicht Klassensprecherin gewesen war. Ihren Vereinen blieb sie ebenso treu wie ihrem Freundeskreis seit der Grundschule. Jule fing nicht mit dem Reiten an, nur um drei Monate später mehr Lust auf Tennis zu bekommen, sondern kaufte sich ein Pferd und pflegte das auch fünfzehn Jahre später noch. Im Gegensatz zu mir hatte sie lästig gewordene Aquariumsbewohner vermutlich nie im Klo hinuntergespült. Ihr Freund war derselbe, mit dem sie ihre Jungfräulichkeit verloren hatte, und inzwischen längst ihr Mann. Sie hörte dasselbe wie als Teenager und ansonsten das, was im Radio so kam, liebte den Münsteraner *Tatort* und die Buletten ihrer Mutter. Aus Wilhelmshaven würde sie nur der Klimawandel oder ein Tsunami vertreiben. Selbst die Katze hatte sie behalten, obwohl sie nach drei Wochen allergisch gegen ihr Fell geworden war und seither über ihre Müdigkeit von den Tabletten klagte. An ihrer Stelle hätte ich es wahrscheinlich einmal mit Wachsen versucht und Moritz danach zerrupft und zitternd ins Tierheim gebracht, im Wald ausgesetzt, der Forschung gespendet. Jule war schon immer die Erwachsenere, Stabilere von uns gewesen. Aber Menschen ändern sich: Jan und ich waren im Herbst immerhin seit vier Jahren zusammen, für mich ein einsamer Rekord. Bei Daimler war ich nun schon so lange erfolgreich, dass ich niemandem, nicht einmal mir selbst, noch etwas beweisen musste. Und Max? Hatte es tatsächlich bald zwei Jahre geschafft, von mir weder an der Tankstelle vergessen zu werden noch das tragische Schicksal meines ersten Tamagotchis zu erleiden. Ich beobachtete Jule, wie sie den Kater auf ihrem Schoß zurückzuhalten versuchte, als ihm die Nähe wieder zu viel wurde, und fühlte mich plötzlich dankbar. Diese verdammte Rushhour des Lebens hatte mir so vieles abverlangt und würde sich garantiert auch in Zukunft noch oft genug wie ein Superstau oder eine Massenkarambolage anfühlen; daran, dass die Richtung stimmte, änderte das aber nichts. Allein diese simple Erkenntnis war es wert, dass ich bei vollem Tempo den Warnblinker gesetzt und die nächstbeste Nothaltebucht angesteuert hatte. Sollten die Kollegen oder Jan ruhig anrufen, *the person you have called is temporarily not available.* An diesem Tag durfte mich bloß einer brauchen. Deshalb nahm ich Jule zum Abschied noch einmal in den Arm und kehrte dann wieder in die Umlaufbahn vom Planeten Max zurück. Denn dort gehörte ich hin.

***

Kaum zurück im Haus meiner Eltern erstarb das warme Gefühl in meiner Brust allerdings sogleich bei einer spontanen Sonnenfinsternis im Wohnzimmer. Ich hob Max auf den Arm und ging einen Schritt zurück, als hätte ich meinen Vater gerade mit offener Hose erwischt. Ich hatte es versucht. Hatte mich wirklich bemüht, nach dem Streit beim Weihnachtsfest den Frieden zu wahren. Ich hielt mich zurück, wann immer er Max beim Sprechen korrigierte. Schwieg, wenn er vor dem Fernseher über Merkel und die Flüchtlinge schimpfte oder sich darüber freute, dass die AfD nun endlich ihren *schwächlichen* Vorsitzenden Lucke geschasst hatte. Herablassende Kommentare über Jan ignorierte ich, so gut es ging, und verkniff mir auch die Bemerkung, dass er vom *Spiegel* eingeladen worden war, über die Balkanroute zu berichten; sogar Gemeinheiten gegenüber Mama ließ ich ihm zähneknirschend durchgehen. Aber als ich vom Brunch bei Jule zurückkehrte und ihn mit Max am Wohnzimmertisch sah, konnte ich mich einfach nicht mehr zurückhalten. Ganz fair war das nicht. Es gab rote Linien, von denen mein Vater nichts wusste: Puzzeln war eine davon.

»Das ist noch viel zu schwer für ihn.«

»Ach. Man wächst schließlich mit seinen Herausforderungen! N'est-ce pas, Maximilian?«

Er zwinkerte Max – nicht Maximilian, auch nicht auf dem Papier! – verschwörerisch zu und schnalzte mit der Zunge, als gehörte mein Sohn zu Team Antoine, nur weil ihm Opa andauernd Schokolade zusteckte. Auf der Schachtel vom Puzzle war ein Kriegsschiff abgebildet. dreihundert Teile, mindestens zwei Drittel von ihnen zeigten bloß Himmel und Meer. Ich nahm den Deckel in die Hand und las meinem Vater den Warnhinweis vor: »Verschluckbare Kleinteile. Nicht für Kinder unter drei Jahren geeignet. Welchen Teil davon hast du nicht verstanden?«

»Seit wann hältst du dich an Regeln?«, fragte er, fügte dann aber schnell sehr viel milder hinzu: »Ich war doch die ganze Zeit dabei.«

Ich sah meinem Vater an, wie schwer es ihm fiel, sich zusammenzureißen. Seit ich Weihnachten ohne besonderen Anlass die angestaute Wut meiner ganzen Kindheit und Jugend an meinen Eltern ausgelassen hatte, waren wir kein einziges Mal im Norden gewesen. Noch im Februar hatte ich ihnen am Telefon damit gedroht, dass sie Max bestenfalls per Daumenkino aufwachsen sehen dürften. Obwohl er sich im Recht fühlte, entschuldigte sich mein Vater und schob die Puzzleteile wieder in den Karton zurück. Ich nickte bloß und sagte: »Max braucht jetzt sowieso seinen Mittagsschlaf.«

Dann drehte ich mich mit Max im Arm um und ließ meinen Vater alleine im Wohnzimmer zurück, sichtbar enttäuscht darüber, dass er es mir unmöglich recht machen konnte. Tja, *Karma is a bitch*.

Ich legte mich mit Max ins Bett und hoffte, dass er tatsächlich schon so früh wieder einschlafen konnte. Auch nach beinahe zwei Jahren hatte ich mich noch nicht daran gewöhnt, als Mutter in meinem alten Kinderzimmer zu übernachten. Einmal hatte ich davon geträumt, nur noch kriechend und zusammengekauert in den engen Raum zu passen. Beim Umdrehen durchstieß ich mit den Ellenbogen versehentlich die papierne Wand und streckte mich dann aus, ließ die Decke über mir zusammenfallen wie ein Zelt ohne Gestänge. Aber tatsächlich war es umgekehrt. In Wahrheit war ich es, die zu Hause wieder in sich zusammenfiel. Zurück in meine alte Rolle. All das Zeug in meinem Zimmer – Poster von Joy Division und Franz Ferdinand, Partyfotos aus der Oberstufe, Konzerttickets und Kinokarten, Trophäen meiner kurzen und aufgesetzten Kleptomaniephase mit sechzehn – war mir plötzlich näher als die letzte Mail vom Daimler-Vorstand. Wann immer ich meine Eltern besuchte, kam ich mir vor wie ein Axolotl: ein ewiger Teenager, so dünnhäutig wie lächerlich.

Nach einer halben Stunde war Max endlich eingeschlafen. Die Augen waren schon seit Minuten zu, nun zuckte seine Hand in meiner und wurde dann schlaff. Vom Ärger, nicht weiter mit Opa spielen zu dürfen, war in den weichen Gesichtszügen nichts mehr zu erkennen. Wenn er wieder aufwachte, hatte er ihn längst vergessen. Ich bewahrte meinen Ärger dagegen in einer Schatztruhe auf. Den Schlüssel für meine Schreibtischschublade hatte ich damals sogar mit nach Berlin genommen und mich erst nach dem dritten Semester getraut, ihn wieder in meinem Zimmer zu lassen – wenn auch zwischen Buchseiten versteckt. Ich nahm ihn heraus und öffnete das Schloss. Hier waren sie versammelt, all die kleinen, albernen Geheimnisse meiner Kindheit und Jugend. Mein Tagebuch, das ich an den entscheidenden Stellen eh immer belogen, Liebesbriefe, die ich entweder bekommen oder nie abgeschickt hatte. Die halb volle Tüte Tabak und ein paar Krümel Gras, daneben drei leere Kurze und ein voller. Ein paar Gedichte und Kurzgeschichten, die mir peinlich gewesen waren. Ein Foto von Jens Tietje aus der Schülerzeitung, abgelaufene Kondome, Modeschmuck. Und, ganz hinten in der Ecke, das Puzzleteil. Ein Stück Gebirge, irgendwo aus der Mitte des Bildes. Ich nahm es heraus und war überrascht, wie winzig es in meiner erwachsenen Hand wirkte. In meinen schlimmsten Emo-Momenten als Teenie hatte ich mir immer vorgestellt, es meinem Vater eines Tages statt Erde ins Grab zu werfen. Dieses Puzzleteil symbolisierte alles, was ich damals an ihm zu hassen glaubte. Er hatte sich nur selten Zeit für mich genommen, und wenn, dann musste ich mit ihm puzzeln. Aber nicht einfach nur zum Spaß – viel wichtiger war es ihm, mich zu fordern. Das Motiv war immer anspruchsvoll, die Anzahl der Teile nie altersgemäß. Erfolgserlebnisse gönnte er mir nicht: Kaum konnte ich ein Puzzle lösen, erhöhte er gleich beim nächsten den Schwierigkeitsgrad. An Wochenenden oder in den Ferien verbrachten wir manchmal halbe Tage mit Puzzeln und hörten nicht eher damit auf, bis wir fertig waren, selbst wenn das bedeutete, anderes dafür zu verpassen. Ausflüge zum Beispiel. Lieblingsfilme. Kindergeburtstage. Als ich neun war, hatte er uns einmal ein so schwieriges Motiv ausgesucht, dass selbst ihn das Puzzle ins Schwitzen brachte: eine historische Europakarte in zweitausend Teilen mit fein ziselierten Grenzen und Flüssen. Die Herausforderung weckte seinen Ehrgeiz wie nie zuvor. Nach jedem Abendessen zwang er mich dazu, gemeinsam mit ihm über dem Tisch zu brüten, und erlaubte mir manchmal sogar, später als sonst ins Bett zu gehen. Wie immer machte ich mit, ohne mich zu beklagen. In Wahrheit hatte ich sein Hobby aber längst so satt, dass ich eines Abends, als er uns etwas zu trinken aus der Küche holte, im Affekt ein Teilchen verschwinden ließ. Ich fühlte mich wie eine Schwerverbrecherin, eine Piratin. Und obwohl ich Angst hatte, dass er das Pappteil in meiner Hosentasche, das ich fest in der verschwitzten Hand umschloss, entdeckte, fühlte ich mich ihm zum allerersten Mal überlegen. Ich war ihm einen Schritt voraus. Er hatte nicht die geringste Ahnung, dass all die Stunden, die wir für das Puzzle noch brauchen würden, vollkommen umsonst sein würden. Plötzlich machten mir die Abende wieder Spaß. Ich gab mir richtig Mühe, für meinen Vater die Teile herauszupicken und auf dem Tisch aufzureihen, jedes von ihnen brachte mich näher an meinen Triumph. Gegen Ende war die Spannung kaum auszuhalten. Als mein Vater schließlich merkte, dass nach wochenlanger Arbeit nun dieses eine, winzige Teil fehlte, um das Bild zu vervollständigen, rastete er schier aus. Alles mussten wir absuchen. Es war nicht damit getan, bloß das Wohnzimmer auf den Kopf zu stellen oder den Teppich aufzurollen. Um sicherzugehen, dass das fehlende Teil nicht in eine der Ritzen gefallen war, nahm er sogar den Tisch auseinander. Bis dahin empfand ich beinahe Genugtuung, eine diebische Freude. Ich hatte es ihm heimgezahlt, hatte mich für all die nervtötenden und endlosen Stunden, für all das, was ich stattdessen verpasst hatte, an ihm gerächt. Dann gab er jedoch meiner Mutter die Schuld. Dass sie beim Putzen nicht aufgepasst hatte, war plötzlich die einzige logische Erklärung für das Verschwinden. Natürlich ließ sie den Vorwurf nicht auf sich sitzen. Es kam zum Streit. Und ich? Tat ganz einfach nichts. Weder gestand ich, noch sprang ich meiner Mutter zur Seite. Ich sah bloß schweigend zu, wie die beiden sich anbrüllten, und hoffte, dass es schnell vorbeiging. Am Ende zwang er sie vor meinen Augen, zum Beweis den Staubsaugerbeutel aufzuschneiden und auf die Fliesen zu kippen. Mit den Fingern musste sie noch den letzten Dreck aus dem Beutel pulen. Aber da war kein Puzzleteil auf dem Boden, da waren nur Flusen und Staub und Husten und Scham.

Hinter mir ein Rascheln, dann leises Schnarchen. Max hatte sich umgedreht. Er lag jetzt mit dem Gesicht zur Wand, streckte einen Fuß unter der Decke hervor. Ich fragte mich, was er uns eines Tages vorwerfen würde. Eine Menge wahrscheinlich. Genau wie mein Vater arbeitete ich zu viel und bekam ihn kaum zu Gesicht. Jan war zwar mehr zu Hause als ich, mit den Gedanken aber meist woanders. Trotzdem erwarteten wir von Max, dass er funktionierte. Dass er in die Kita ging, ohne zu fremdeln, krank zu werden oder Heimweh zu verspüren. Dass er sich von uns abschieben ließ, ohne uns ein schlechtes Gewissen zu machen. Mehr als einmal hatte er mich an meine Grenzen gebracht, mehr als einmal hatten wir ihm wahrscheinlich das Gefühl gegeben, uns zur Last zu fallen. Ich setzte mich zurück aufs Bett und deckte ihm den Fuß wieder zu. Als er unruhig wurde und stöhnend seinen Kopf ins Kissen rieb, legte ich meine Hand auf seine Schulter. Wahrscheinlich nur ein Traum, Augenblicke später atmete Max wieder gleichmäßig.

Ich nahm mein iPhone vom Nachttisch und rang mit mir, ob ich es wieder einschalten sollte. In den letzten Tagen war es mir zunehmend schwerer gefallen, so konsequent zu bleiben und Jan am Telefon abzuwimmeln oder ihn mit Schweigen zu strafen. Ständig hatte ich das Handy gezückt und wieder eingesteckt, hatte ich Nachrichten geschrieben und dann doch verworfen. Eine Lektion hatte ich ihm erteilen wollen. Aus Gründen. Trotz meiner Wut über seine Lüge hatte ich inzwischen jedoch durchaus Verständnis für ihn. Mit meinen Erwartungen hatte ich ihn in eine Ecke gedrängt, aus der er sich anders nicht herauswinden konnte. Durfte ich von ihm das Opfer verlangen, die Stelle anzunehmen? Und ob. Trotzdem ließ mich dieser eine Satz nicht los, den Jan, das war ihm anzusehen, am liebsten gleich wieder zurückgenommen hätte: *Du hörst dich an wie dein verdammter Vater*. Ein Wirkungstreffer. Vielleicht hatte er ja recht, vielleicht war ich wirklich hart geworden unter all dem Druck.

Als ich das Handy wieder einschaltete, dauerte es einige Sekunden, bis ich im WLAN war. Zwei verpasste Anrufe von Daimler und eine Nachricht von Jan aus der letzten Nacht: *Ich habe dich heute Morgen angelogen. Mir geht es schlecht. Sehr sogar.* Seitdem war er nicht mehr online gewesen. Sofort ging ich aus dem Zimmer, um ihn anzurufen, mit weichen Knien hörte ich die Ansage auf seiner Mailbox und anschließend das endlose Klingeln unseres Festnetztelefons.

Melde dich bitte, ich mache mir Sorgen um dich, schrieb ich und schob das iPhone mit aufgedrehter Lautstärke in meine Hosentasche, nur um es keine zehn Sekunden wieder herauszuholen, um nachzusehen, ob er meine Nachricht schon gelesen hatte. Fehlanzeige. So hatte Jan sich in den letzten Tagen also fühlen müssen. Als ich wie eine Zwangsneurotikerin noch einmal Empfang und Lautstärke prüfte, ohne mich auch nur einen Meter bewegt zu haben, wusste ich, dass ich dringend Ablenkung brauchte, bis Jan sich endlich melden würde. Leichter gesagt als getan, Max schlief noch mindestens eine Stunde, und meine Mutter war einkaufen. Also schlich ich mich, so leise es auf dem alten Holzboden ging, am Kinderzimmer vorbei und lief ziellos durch das Haus. Im Treppenhaus, dem Salon, der Küche: Überall herrschte Stille. Auch früher war nie besonders viel Leben im Haus gewesen. Aber damals hatte mein Vater noch gearbeitet. Meine Mutter beklagte sich oft, dass es ohne mich zu ruhig im Haus geworden sei; als ich über eine knarzende Diele unter meinen Füßen erschrak, wusste ich auf einmal, was sie meinte.

Mein Vater saß oben in seinem Arbeitszimmer und bastelte hochkonzentriert an einer seiner Geduldsflaschen, wie er sie gerne nannte. Er stützte sich auf die Ellenbogen, um die Hände besser still halten zu können, kniff ein Auge zusammen und schob die Zunge spitz aus dem Mund. In der linken Hand hielt er eine Apothekerflasche, in der rechten die Pinzette mit dem Schiffsteil, das er behutsam durch die Öffnung schob. Er wusste, dass ich im Raum war, konnte mir in dieser kritischen Phase aber keine Aufmerksamkeit schenken. Ich kannte das schon. Früher musste ich manchmal minutenlang an der Tür warten, wenn ich etwas von ihm wollte. Diesmal ging ich jedoch einen Schritt auf ihn zu und beugte mich über den Tisch, um ihm bei der Arbeit zuzusehen. Seine Finger zitterten, das hatte ich früher nie an ihm beobachtet. Die für die Feinarbeit nötige Körperspannung strengte ihn sichtbar an. Ihm stand der Schweiß auf der Stirn. Er hatte das Schiff längs in mehrere Teile zerlegt und musste diese nun im Inneren der Flasche exakt wieder zusammensetzen. Mindestens zwei Minuten nahm er sich Zeit, um die richtige Position zu finden, dann schob er die Teile aneinander und übte mit der Pinzette dort, wo er die winzigen Kleberkleckse gesetzt hatte, sanften Druck aus. Ich stand einen halben Meter von meinem Vater entfernt und konnte dennoch erkennen, dass beide Elemente nicht ganz deckungsgleich waren. Wenn er wusste, dass er ungenau gearbeitet hatte, ließ er es sich zumindest nicht anmerken. »Bon«, sagte er bloß leise vor sich hin. Dann erst sah er zu mir auf.

»Kann ich dir helfen?«, fragte ich.

Mein Vater schenkte mir ein erschöpftes Lächeln. Das Lächeln eines alten Mannes. »Ich komme zurecht, danke.«

»Brauchst du was? Einen Tee, ein paar Kekse vielleicht?«

Er schüttelte den Kopf. »Gibt es etwas, über das du mit mir sprechen möchtest? Du siehst besorgt aus.«

»Alles gut, Papa.«

Beim Hinausgehen blieb ich im Türrahmen stehen. Nach einigen Sekunden drehte ich mich noch einmal zu ihm um, drauf und dran, mich für meine überzogene Reaktion vorhin zu entschuldigen. Er hatte es nicht leicht mit mir. Niemand hatte das. Doch mein Vater war schon wieder viel zu sehr in seine Arbeit vertieft, um mich überhaupt zu registrieren.

Ich schloss vorsichtig die Tür hinter mir, ganz automatisch mit links. Erst dadurch fiel mir auf, dass ich in meiner verschwitzten rechten Faust noch immer das Puzzleteil aus dem Schreibtisch umschloss. Für einen Moment ließ ich die Hand an der Klinke ruhen, ein flüchtiges Zögern, das ich auf der Treppe mit umso entschiedeneren Schritten wieder auszugleichen versuchte. Vielleicht würde ich es ihm ein anderes Mal geben, irgendwann, wenn die Gelegenheit günstiger war.

***

Als Max den Strand sah, vergaß er augenblicklich, dass er eben noch ein Eis gewollt hatte, und rannte hinunter zum Sand. Ich setzte mich in den Windschatten eines Strandkorbs und sah ihm dabei zu, wie er mit bloßen Händen Türmchen baute. Die Böen waren so stark, dass sie den Sand von seinen Bauwerken fegten, Max war jedoch derart ins Spiel vertieft, dass ihn das nicht weiter kümmerte. Das machte es einfacher für mich. Ich war nicht in der Stimmung mitzuspielen, hätte mich nur schwer auf Max fokussieren oder meine Sorgen vor ihm verbergen können.

Es war bereits halb vier, und noch immer hatte Jan meine Nachricht nicht gelesen. Ich hatte ihm nicht nur geschrieben, sondern auch mehrmals angerufen und auf seine Mailbox gesprochen. Anderswo war ebenfalls alles still geblieben, seit seinem Lauf auf den Birkenkopf hatte er weder etwas auf Facebook, Twitter noch Instagram gepostet. Noch nie hatte ich so viel Angst um ihn gehabt. Angst, dass ihm etwas zugestoßen sein, er sich vielleicht sogar etwas angetan haben könnte. Oder was, wenn er nach einem Unfall alleine in der Wohnung oder im Wald lag und Hilfe brauchte? Ich widerstand der Versuchung zu googeln, ab wann man die Polizei verständigen konnte, und quälte mich stattdessen durch unseren Chatverlauf. *Du fehlst mir*. Ich hatte ihm einfach nicht geantwortet. Immer wieder hatte ich Jan in der Luft hängen lassen, seit Tagen schon. *Mir geht es schlecht. Sehr sogar.* Und ich blöde Kuh hatte mein Handy ganze zwölf Stunden ausgelassen.

Ich schaute vom Display auf und erschrak. Max war weg, auch von seinen Sandburgen waren nur Ruinen geblieben. Kurz wurde ich panisch, dann entdeckte ich ihn einige Meter weiter vorne im Schlick. Max stand knietief im Watt, die Shorts voller brauner Spritzer, und strahlte glücklich zu mir hinüber. Ich hätte schimpfen müssen. Darüber, dass er einfach weggelaufen war. Und über seine versauten Klamotten, mit denen wir nie und nimmer die Eisdiele betreten konnten. Außerdem mussten wir ja noch Autofahren. Aber wir machten schließlich eine Auszeit, das ständige Müssen und Wollen konnte mich mal. Also lächelte ich einfach zurück und zeigte auf das Containerschiff hinter seinem Rücken. Ein seltener Anblick: Der milliardenteure Hafenneubau hatte sich als absolute Fehlinvestition erwiesen. In manchen Wochen liefen gerade einmal drei Schiffe in Wilhelmshaven ein, das jedenfalls hatte uns mein Vater im letzten Sommer bei einem Familienspaziergang erzählt und Jan damit innerlich zum Kochen gebracht. Empfindlich, wie er war, hatte er die Äußerung automatisch als Spitze gegen seine schleppende Karriere verstanden und für den Rest des Tages kein Wort mehr mit Antoine gewechselt.

Auf dem Handy noch immer keine Empfangsbestätigung. Bei WhatsApp war Jan zuletzt um 1:12 Uhr online gewesen. Mir kam erstmals in den Sinn, dass er sich vielleicht an mir rächen, es mir mit gleicher Münze heimzahlen wollte. Verübeln könnte ich ihm das nicht: Mein Schweigen in den letzten Tagen war wirklich grausam gewesen, besonders nach meiner zwar nicht allzu dramatischen, aber dennoch sehr plötzlichen Abreise aus Stuttgart. Ich wollte daran glauben, dass das alles war: dass es Jan gut ging und er sich einfach bloß revanchieren wollte.

Wenn dem so war, konnte ich ihn vielleicht aufspüren. Nie und nimmer würde er die Finger von seinem Handy lassen. All die Stunden, die er täglich auf Facebook verbrachte – zum Netzwerken, wie er die Dauerberieselung nannte –, konnte er sich unmöglich verkneifen. Seine nicht öffentlichen Beiträge waren für mich unsichtbar, seit ich meinen Account im Februar stillgelegt hatte – das wusste er. Im Messenger würde ich allerdings sehen können, wann er zuletzt aktiv gewesen war. Weil Facebook nichts vergisst, musste ich mich nur einloggen, um mein privates Profil wieder zu reaktivieren. Kaum hatte ich meine Daten in die Maske gegeben, hieß mich Facebook überschwänglich willkommen. Nur Sekunden später wurde mir schwindelig vor Schreck. Es war nicht Jan, den ich als Erstes in meiner Timeline entdeckte. Sondern Rita.

Da bin ich wieder!
#reingelegt #dankeihrtrottel #longcon #makeauferstehunggreatagain #dashastdujetztvondeinemschweigen

***

– *Wir müssen reden, oder?*

Vor zehn Minuten hatte ich das geschrieben, gelesen hatte Rita meine Nachricht aber noch immer nicht. Ich stand vom Schreibtisch auf und lief nervös im Zimmer umher, die Dielen lärmten vermutlich durchs ganze Haus. Es war besser, wenn ich saß. Meine Eltern hatten keine Fragen gestellt, als ich ihnen Max so plötzlich aufgedrückt und etwas von beruflichem Notfall gestammelt hatte. Das sollte auch so bleiben. Zuerst war ich aufs Klo gerannt, um zu kotzen, dann zum Rechner in meinem Zimmer, um mich dieser verfluchten Apokalypse zu stellen. Der Shitstorm war bereits in vollem Gange, auch wenn nicht wenige die auferstandene Rita bloß für einen Fake hielten, einen bösartigen Scherz. Und ein solcher war es ja auch. Allerdings auf meine Kosten. Ich versuchte sofort, mich bei ihr einzuloggen. Vergeblich. Jemand hatte das Passwort geändert. Und dann wurde mir schlagartig alles klar. Dieser jemand konnte nur Jan sein: *#dashastdujetztvondeinemschweigen*

Vielleicht hatte er einen Weg gefunden, wieder auf ihr Profil zuzugreifen, ursprünglich war sie schließlich seine Erfindung gewesen. Und das hier war seine Rache. Entweder war er letzte Nacht irgendwie dahintergekommen – oder er hatte es die ganze Zeit gewusst und mich nur nie bloßstellen wollen. Irgendwann musste sich mein dämlicher Leichtsinn ja rächen. Offenbar hatte ich Jan nun so in die Enge getrieben, dass er keinen anderen Ausweg mehr sah, als sein Ass aus dem Ärmel zu ziehen. Das Wissen um Rita war die nukleare Option in der Hinterhand, Jans DEFCON 1 für den Fall eines Worst-Case-Szenarios. Doch was mich normalerweise in Panik versetzt hätte, war nun ein Grund zur Erleichterung. Jan ging es offenbar gut. Er war sicher wütend und enttäuscht, vielleicht sogar entsetzt. Aber am Leben. Ich sah dem Shitstorm beim Eskalieren zu und konnte mich wie in den schlechten alten Zeiten beinahe über die verärgerten Kommentare amüsieren. Je länger meine Nachricht an Rita ungelesen blieb, desto größer wurde aber meine Angst, mich bloß verzweifelt an einen Strohhalm zu klammern.

Das Rascheln meiner Hosenbeine trieb mich in den Wahnsinn, mit dem Wackeln aufzuhören war jedoch kaum auszuhalten. Sechsundvierzig Kommentare, die meisten davon entrüstet. Hundertachtzehn wütende, elf geschockte und vier lachende Emojis. Aber noch immer keine Antwort. Am liebsten hätte ich mir eine Zigarette mit dem vertrockneten Tabak aus meinem Schreibtisch gedreht. Den übrig gebliebenen Kurzen trank ich auf ex, ohne mich danach ruhiger zu fühlen. Dann ging Rita endlich online. Als meine Nachricht als gelesen markiert wurde und Facebook mir im Textfeld verriet, dass sie gerade etwas tippte, zitterten meine Finger auf der Maus. *Wir müssen reden, oder?* Meine Frage blieb noch minutenlang unbeantwortet. Beim Geräusch der eingehenden Nachricht zuckte ich zusammen.

– *Sieht ganz danach aus.*

Ich stieß die ganze Luft aus meinem Brustkorb auf einmal aus und musste fast lachen. Dann schrieb ich zurück, so schnell ich konnte: *Ich schäme mich so, Jan. Nicht nur für diese Rita-Geschichte. Auch dafür, wie ich mich in den letzten Tagen verhalten habe. Ich war einfach so sauer auf dich. Und eigentlich sollte ich das auch jetzt sein – du hast mir heute wirklich Angst gemacht! Ich werde dir am Telefon alles erklären, versprochen. Aber: Wie zur Hölle bist du dahintergekommen?*

Wieder ließ Jan sich mit seiner Antwort Zeit. Kurz befürchtete ich, dass ich ihm aus Erleichterung vielleicht ein wenig zu versöhnlich geschrieben hatte – so, als wäre die Erkenntnis, dass er mit einer Betrügerin zusammenlebte, keine große Sache.

– Wichtig ist, dass du jetzt ehrlich zu mir bist, Sophia. Was hast du mit den Spenden gemacht? Du hast das Geld doch nicht ausgegeben, oder?

– Gott, nein! So tief bin ich noch nicht gesunken. Ich wollte das alles ja auch gar nicht, es ist einfach aus dem Ruder gelaufen. Das Geld liegt noch immer unangerührt auf einem Paypal-Konto. Ich hätte es längst spenden sollen.

– Es ist also alles noch da, die ganzen 11.253 Euro?

– Ja.

Kurz überlegte ich, auch das zweite Konto mit den Spenden für Ritas Begräbniskosten zu erwähnen, die Scham war aber zu groß, um weiter ins Detail zu gehen. Schon jetzt konnte ich mir kaum vorstellen, Jan jemals wieder in die Augen sehen zu können.

– Du kannst mir vertrauen, Jan. Ich werde alles davon spenden, noch heute.

– Ich weiß ehrlich nicht, was ich dir noch glauben soll. Du hast es ein ganzes Jahr nicht übers Herz gebracht, warum solltest du das jetzt können?

Mir fiel keine Antwort darauf ein. Ich hatte nie vorgehabt, das Geld auszugeben, trotzdem war es ein gutes Gefühl gewesen, mir diese Hintertür für den Notfall offen zu lassen. Vielleicht hatte Jan recht: Vielleicht konnte man mir wirklich nicht trauen.

– Gib mir die Daten, Sophia. Ich werd's für dich tun. Gleich jetzt. Erst wenn dieses Geld weg ist, können wir ernsthaft reinen Tisch machen. Okay?

Tatsächlich erleichterte mich Jans Forderung. Er nahm mir eine Entscheidung ab, die ich alleine nicht zu treffen vermocht hatte. Ich suchte in meinem versteckten Ordner nach den Daten für das Paypal-Konto und kopierte sie Jan in den Messenger. So war das Geld, das ich ohnehin niemals gewollt hatte, nun endlich für etwas gut.

– Und woher soll ich wissen, dass du damit jetzt nicht einfach durchbrennst?

– Ha, vielleicht ist es ein Enkeltrick!

Es klopfte an der Tür. Meine Mutter. Ich versuchte, sie abzuwimmeln, und sagte, dass ich gerade ein wichtiges Telefonat führe. Deswegen sei sie ja da, rief sie durch die Tür. Mein Handy klingele andauernd, bestimmt sei es wichtig. Ich öffnete ihr die Tür und nahm mein iPhone durch den Spalt entgegen, ohne mich für die Lüge zu entschuldigen. »Danke. Ich komme gleich zu euch runter.«

Sie hatte recht. Da waren drei Anrufe in Abwesenheit, alle von derselben mir unbekannten Nummer. Es konnte nur Jan sein, ein kaputtes Handy würde vieles erklären. Ich tippte auf Rückruf, allerdings nahm auch nach dem zehnten Klingeln niemand ab. Also setzte ich mich wieder an den Rechner und fragte im Messenger, was los sei.

Rita antwortete jedoch nicht mehr. Im Chat war sie bloß noch als *gelöschter Nutzer* aufgeführt.

***

Schokolinsen als Spielgeld. Allen Ernstes. »Tja, wie heißt es so schön? Die Bank gewinnt immer! Neues Spiel, neues Glück?« Sätze, die wie gemacht waren für einen nicht mal Zweijährigen. In jedem anderen Moment hätte ich dazwischengefunkt: *Rien ne va plus!* Aber nichts ging mehr. Ich hatte keinen Blick für das, was mein Vater und Max neben mir am Couchtisch mit Karten und Süßigkeiten spielten, sondern starrte bloß abwesend ins Leere. Das Ticken der Wanduhr trieb mich in den Wahnsinn und zerhackte jeden zusammenhängenden Gedanken; längst war mein Kopf ein unentwirrbares Knäuel aus losen Enden und Knoten, war ich beherrscht von der Panik, wie bei einer Bombenentschärfung den falschen Draht zu kappen. Ich musste aufhören, mit dem Bein zu wackeln, und machte es ganz wie Jan, presste stattdessen meinen Oberschenkel gegen die scharfe Tischkante und konzentrierte mich auf den Druck, den Schmerz, die Hitze. Ich drückte fester, der massive Tisch bewegte sich aber nicht einen Millimeter. Natürlich nicht. Er war aus demselben Holz geschnitzt wie mein Vater. »So sind nun mal die Regeln. Verstehst du jetzt, was ein Joker ist?« Max verneinte. Auch ich verstand nichts. Wer mir da ins Blatt gesehen und mit falschen Karten gespielt, mich abgezockt hatte. Das Konto war inzwischen aufgelöst worden, aber das Geld war mir scheißegal. Alles, woran ich denken konnte, war Jan. Wann war es an der Zeit, die Polizei zu verständigen? Und was um alles in der Welt sollte ich denen erzählen? Ich öffnete die Augen und sah in die von Max. Er strahlte, offenbar ließ ihn mein Vater diese Runde gewinnen. Wenn er lächelte, bekam Max dieselben Grübchen über den Mundwinkeln wie Jan. Ich schaute wieder aufs Handy und entdeckte auch nach fast siebzehn Stunden noch immer kein Lebenszeichen von ihm. Plötzlich heulte Max auf und stampfte vor Wut mit den Füßen. »Du darfst dich nicht so ärgern, Maximilian! Bevor du gewinnen kannst, musst du erst einmal lernen, ein guter Verlierer zu sein.«

Max schiss jedoch auf die Regeln, die mein Vater aufgestellt hatte, und rettete sich mit seiner Beute zu mir auf den Schoß, zwei Hände voller Schokolinsen, die er schützend unter seine Achseln klemmte und um keinen Preis wieder hergeben wollte. Sein Opa beugte sich vor und redete leise auf ihn ein, versprach ihm, dass er in der nächsten Runde ganz sicher mehr Glück haben würde. Aber Max brauchte jetzt niemanden, der die Belohnung erst nach erteilter Lektion herausrücken wollte. Sondern eine Komplizin. Also legte ich meinen Arm um seinen Kopf und flüsterte ihm ins Ohr: »Was meinst du, teilen wir uns die Beute auf wie Piraten?«

Ich spürte sofort, wie die Spannung in seinen eben noch schlaffen Körper zurückkehrte. Mir ging es genauso. Als er nickte, stopften wir uns beide je eine Handvoll Schokolinsen auf einmal in den Mund und grinsten mit triumphierendem Kauen meinen Vater an. »Wie gewonnen, so zerronnen«, sagte ich mit vollem Mund und ließ dabei einige Krümel herausfallen, um Max zum Lachen zu bringen, in das ich, als ich den entgeisterten Gesichtsausdruck meines Vaters sah, spontan und beinahe hysterisch mit einfiel. Erst als ich mich wieder gefangen hatte, hörte ich, dass meine Mutter nebenan mit jemandem sprach. Es war Jan.

Ich drückte Max die Tüte mit den restlichen Schokolinsen in die Hand, sprang vom Sofa auf und eilte in den Hausflur. Und tatsächlich, da stand er, unrasiert und mit fettigen Haaren im Gespräch mit meiner Mutter, die, als sie die Blicke bemerkte, die wir einander zuwarfen, aus Höflichkeit schnell wieder das Feld räumte. Für einen Moment erstarrte ich im Türrahmen und schielte auf den Autoschlüssel in seiner verbundenen Hand. So, wie er aussah, hätte er die weite Strecke niemals fahren dürfen. Jan machte einen erschöpften und verstörten Eindruck, er konnte mir kaum in die Augen schauen und wirkte dankbar, als ich auf ihn zuging, um ihn in den Arm zu nehmen. Wir sprachen nicht, sondern hielten uns bloß zusammengesackt fest und ließen einander das Gewicht, die Last des anderen spüren. Jan roch nach Zigaretten, Alkohol und Schweiß, als hätte er die Nacht durchgemacht und sich gleich morgens ins Auto gesetzt.

»Ich hab den ganzen Tag versucht, dich zu erreichen«, sagte ich schließlich.

»Mein Handy –«, begann Jan, brach dann aber wieder ab. »Ich hab's von der Raststätte versucht. Ich wusste ja nicht, ob ihr zu Hause seid.«

Die Anrufe in Abwesenheit, natürlich. Jäh kam die Erinnerung an den Chat zurück und mit ihr die Angst, dass es vielleicht doch Jan gewesen sein könnte, der mir auf die Schliche gekommen war. Doch dann sagte er: »Tut mir leid, dass ich hergefahren bin, das hast du sicher nicht gewollt. Aber … ich wusste einfach nicht, wohin.«

Ich legte die Hände auf seine gebeugten Schultern und schaute in glasige Augen. »Was ist los?«

Jan wich meinem Blick aus. »Ich habe Scheiße gebaut, Sophia.«

Weiter kam er nicht. Die Schritte aus dem Wohnzimmer waren zunächst tapsig und zögerlich, dann aber rannte Max, so schnell es die kurzen Beine erlaubten, zu seinem Vater und sprang ihn lachend von hinten an. Jan löste sich aus unserer Umarmung, hob Max auf den Arm und drückte, seine Tränen vor ihm verbergend, das Gesicht an seinen Nacken. Kaum hatte er wieder Boden unter den Füßen, übernahm Max sogleich das Kommando und zog Jan an der Hand hinter sich her, um ihm sein neuestes Spielzeug zu zeigen. Dankbar für die Ablenkung ließ sich Jan bereitwillig von ihm entführen. An der Treppe drehte er sich aber noch einmal zu mir um: »Nachher, wenn er im Bett ist. Okay?«

***

Als ich die Tür zum Gästezimmer leise ins Schloss drückte, musste ich tief Luft holen. Es hatte über eine halbe Stunde gedauert, bis Max eingeschlafen war – unter Protest allerdings, denn eigentlich hatte er nach seinem Vater verlangt. Jan wollte sich aber lieber noch ein wenig sammeln, ehe wir miteinander redeten. Der Gedanke an unsere Aussprache machte mich nervös. Ich hatte Angst vor dem, was Jan mir zu sagen hatte. Seit dem Chat mit Rita war mein Fundament so ernsthaft beschädigt, dass es mir schon jetzt schwerfiel, Haltung zu bewahren; eine weitere Erschütterung könnte alles, was wir uns aufgebaut hatten, zum Einsturz bringen. Und: Wenn Jan mit offenen Karten spielte – musste ich das dann auch? Auf dem Weg zu ihm ließ ich mir Zeit. Zwar hatte er nur kurz geduscht, dafür aber so heiß, dass die feuchte Luft aus der geöffneten Badtür bis in den Flur stand. Ich blieb in der Schneise stehen, roch den vertrauten Duft seines Deodorants und spürte einen Stich. Mit Herzklopfen öffnete ich die Tür zu meinem alten Kinderzimmer – und war überrascht, dass Jan inzwischen deutlich entspannter wirkte als bei seiner Ankunft. Er saß vor etlichen offenen Tabs an meinem Rechner und bat mich, während er eines nach dem anderen schloss, noch um eine Minute Geduld. Mehrmals schüttelte er ungläubig den Kopf, für einen kurzen Moment glaubte ich sogar, ein Lächeln über sein Gesicht huschen zu sehen.

Ich saß wartend im Bett und räusperte mich irgendwann, eine dämliche und unsouveräne Geste, von der ich sofort hoffte, dass Jan sie überhört hatte. Als er daraufhin das MacBook zuklappte, wirkte er unsicher, ob er sich neben mich setzen oder besser gegenüber auf dem Drehstuhl bleiben sollte. Ich machte keine Anstalten, ihm die Entscheidung abzunehmen, also blieb er sitzen, ohne mir dabei in die Augen zu sehen. Stattdessen suchte er sich einen Fluchtpunkt an der Wand, vielleicht den Riss in der Tapete oder eines der angepinnten Jugendfotos hinter meinem Rücken, während er sekundenlang um die richtigen Worte rang. Schließlich sagte er: »Ich habe gelogen.«

Dann ließ er abermals eine unangenehm lange Pause. »Die Stelle beim *Welzheimer Boten*«, fuhr er irgendwann fort. »Ich war es, der abgesagt hat. Sie wollten mich, und ich war mir zu schade dafür. Das war scheiße. Und es tut mir aufrichtig leid. Ich werde gleich morgen anrufen und fragen, ob die Stelle noch frei ist.«

»Und die *Spiegel*-Reportage?«

Jan schüttelte den Kopf. »Mindestens zwei Nummern zu groß für mich.«

Das war alles? Vor Erleichterung musste ich fast lachen. Ich klopfte auf die Matratze und bot Jan damit den Platz an meiner Seite an. Als er sich zu mir setzte, sichtbar gequält von seinem Eingeständnis, nahm ich seine Hand und drückte einmal fest zu. »Was Neueres hast du nicht auf Lager?«, lächelte ich. »Was denkst du denn, warum ich so wütend auf dich war?«

Jan legte den Kopf in meinen Schoß, demütig fast, und atmete flach und warm an meinen Oberschenkel. Er wirkte nicht gelöst, sondern gebrochen. Plötzlich musste ich wieder an diesen Satz denken, den wir gegenüber anderen früher gerne ironisch zum Besten gegeben hatten, wenn es um unser gemeinsames Leben ging: *Die Welt stand uns offen, aber wir haben uns dann doch für Stuttgart entschieden.* Einfach alles an diesem Satz war falsch. Wir hatten uns schon vor Langem in eine Sackgasse manövriert. Anstatt ein gemeinsames Wendemanöver zu wagen, standen wir einander aber bloß im Weg und konkurrierten permanent um Zeit, um Chancen, um Selbstbestimmung. Und auf einmal sah ich den Ausweg ganz klar vor Augen.

»Ich bin froh, dass du endlich ehrlich zu mir bist. Trotzdem hast du da gerade eben einen großen Haufen Scheiße erzählt.«

Jan richtete sich auf und sah mich fragend an.

»Natürlich machst du diese Reportage. Du hast diese Chance verdient. Nimm, was dir zusteht! Und das ist definitiv mehr, als dir dieses kleine Provinzblatt zu bieten hat. Was wir dafür aber brauchen, ist ein Neuanfang.«

»Du hast recht. Wir müssen wieder offener miteinander sprechen und –«

»Das meine ich nicht«, unterbrach ich ihn. »Ich rede von einem echten Neuanfang. Lass uns zurück nach Berlin. Du kannst dort endlich durchstarten – und wenn ich mich bei Daimler nicht intern versetzen lassen kann, finde ich sicher schnell was Neues.«

Mit einem Mal war Jan wie ausgewechselt. Als wüsste er nicht, wohin mit dem plötzlichen Energieschub, sprang er aus dem Bett und lief im Zimmer umher, fuhr sich mit den Händen durch die Haare und mit der Zunge über die Lippen. Natürlich war er aufgeregt, ich war es ja auch. Dennoch wirkte er hin- und hergerissen zwischen Euphorie und Panik. »Bist du dir sicher, was du da sagst? Du würdest das wirklich für mich tun – nach allem, was war?«

Ich blieb, soweit es auf der weichen Matratze möglich war, mit geradem Rücken und ruhenden Händen sitzen, wie ich es bei gemeinsamen Verhandlungen mit Peter Wartholz gelernt hatte, und trug meine Forderungen mit ruhigem, aber bestimmtem Ton vor: »Nicht für dich. Für uns. Allerdings nur unter einer Bedingung: Vorher reisen wir. Und ich meine keinen Urlaub, sondern eine richtige Reise, mindestens ein paar Monate. Wir brauchen dringend eine Auszeit. Etwas Gemeinsames. Was sagst du?«

Jan blieb vor mir stehen, runzelte misstrauisch die Stirn und verschränkte die Hände hinter seinem Nacken, als hätte ich ihn gerade verhaftet. Meine scheinbar unrealistische Bedingung hatte ihn jäh ausgebremst. Ich sah ihm an, wie sehr es in ihm arbeitete; immer wieder biss er sich nervös auf die Unterlippe, sein Blick wechselte fast sekündlich die Richtung, als wäre er an die Suchbewegungen in seinem Gehirn gekoppelt.

»Das klingt toll. Sehr sogar«, sagte er irgendwann ohne echte Überzeugung in der Stimme. Ehe er fortfuhr, schielte er sekundenlang zu meinem Rechner auf dem Schreibtisch, als hätte dieser eine Antwort für ihn. »Gib mir ein paar Tage Bedenkzeit, okay?«, sagte er leise, fast kränklich. »Und woher sollen wir überhaupt das Geld dafür nehmen?«

Ich streckte mich aus und bat Jan, sich neben mich zu legen. Das schmale Jugendbett zwang uns zum ersten Mal seit Wochen zu körperlicher Nähe, vor allem aber erlaubte es mir, deutlich leiser mit Jan zu reden: »Versprich mir zuerst, meinen Eltern gegenüber nichts davon zu erwähnen. Ist ein sensibles Thema bei uns. Außerdem will mein Vater, dass ich das Geld anlege.«

Als Jan nickte, schob ich seine Hand sanft, aber bestimmt von meiner Seite zur Hüfte hinunter, sodass er meinen verräterischen Herzschlag nicht spürte. »Ich hab's heute erst erfahren: Meine Großtante ist gestorben. Ein Vermögen habe ich zwar nicht gerade geerbt – aber hey, es sind immerhin 6.585 Euro«, sagte ich und sah Jan dabei tief in die Augen, der Magen flau wie vor dem ersten Kuss.

Dank

Mein Dank gilt allen voran meiner Frau Christiane, die mir immer wieder den Rücken freigehalten hat (und ihn manchmal auch stärken musste). Ohne Dich hätte ich »Fake« niemals schreiben können. Meinen Eltern danke ich für ihre großzügige, langjährige Unterstützung. Dieses Buch ist für Euch. Auch danke ich Karina Fenner, Leif Greinus und Sebastian Wolter von Voland & Quist für ihren Glauben an den Roman und die so gute Zusammenarbeit. Mareike Fallwickl und Caterina Kirsten verdanke ich wertvolle Anmerkungen während der Entstehung des Manuskripts und Anne Michaelis das Wort »bevatern«. Nicht zuletzt danke ich meiner Agentin Anabelle Assaf für ihre unfassbare Ausdauer. Ohne dein großes Engagement könnte ich diese Zeilen hier nicht schreiben.